Doris Preißler

Radiologe sucht Frau mit innerer Schönheit ...

Doris Preißler

Radiologe sucht Frau mit innerer Schönheit ...

Die lustigsten Kontaktanzeigen

Bibliografische Information der Deutschen Nationalbibliothek:
Die Deutsche Nationalbibliothek verzeichnet diese Publikation in der Deutschen
Nationalbibliografie; detaillierte bibliografische Daten sind im Internet über
http://d-nb.de abrufbar.

Für Fragen und Anregungen:
kontaktanzeigen@rivaverlag.de

1. Auflage 2010
© 2010 by riva Verlag, ein Imprint der FinanzBuch Verlag GmbH
Nymphenburger Straße 86
D-80636 München
Tel.: 089 651285-0
Fax: 089 652096

Redaktion: Caroline Kazianka, München
Umschlaggestaltung: Moritz Röder, München
Umschlagabbildung: iStockphoto
Satz: Grafikstudio Förster, Belgern
Druck: CPI – Ebner & Spiegel, Ulm
Printed in Germany

ISBN 978-3-86883-086-6

Weitere Informationen zum Thema finden Sie unter
www.rivaverlag.de
Gerne übersenden wir Ihnen unser aktuelles Verlagsprogramm.

Inhaltsverzeichnis

1. Einleitung

Sie fragen sich jetzt sicher: Wie kommt man nur dazu, ein ganzes Buch über Bekanntschafts- und Heiratsanzeigen zu machen?
Das ist ganz einfach. Um ganz ehrlich zu sein: Ja, ich bin auf der Suche. Die Freundeskreisverkupplungen hatte ich satt, die traurigen Blicke meiner Pärchenfreunde gingen mir auf die Nerven – also, was bleibt einem anderes übrig, als selber auf die Jagd zu gehen?
Und was mir dabei alles unter die Augen gekommen ist, will ich Ihnen natürlich nicht vorenthalten.

Ich habe also über Monate hinweg Kontakt-, Bekanntschafts-, Such- und Heiratsanzeigen gelesen und dann auch gesammelt, habe mich in den einschlägigen Netzwerken herumgetrieben, und es ist zu einer richtigen Sucht geworden, am Samstag als Erstes die Heirats- und Bekanntschaftsanzeigen in der Zeitung zu lesen. Wehe jedem, der die Zeitung schon gelesen und nicht wieder richtig zusammengelegt hatte.
Manche hab ich mit Erstaunen am Frühstückstisch gelesen, andere mit einer Lachträne im Auge, und wieder andere haben mir den Kaffee im Hals stecken lassen.

Das ging so weit, dass ich mit meinen Freunden und Kollegen nur noch in Abkürzungen kommuniziert habe und ein Phrasenschwein im Büro aufstellen musste.

Einige Anzeigenverfasser sind mir auch richtig ans Herz gewachsen, auch wenn ich nur die Anzeige gelesen hatte. Was ist aus ihnen geworden? Hat sich jemand auf die Spontanheirat in zwei Wochen gemeldet? Ist der Vater einen Kamelkopf und die Tochter gleich mit losgeworden? Hat sich eine „Verkupplungsabwehr" gemeldet? (Ich hätte es ja gemacht, leider wohne ich aber nicht im Ruhrpott, nicht einmal in der Nähe.) Wie viele wirkliche Millionäre haben sich schröpfen lassen?

Haben sich tatsächlich Paare gefunden und sind jetzt glücklich, oder hat sich eine Freundschaft daraus entwickelt?

Gibt es für mich noch Hoffnung?
Falls also bei jemandem Interesse besteht BmB an
kontaktanzeigen@rivaverlag.de

Dieses Buch ist doch die beste Kontaktanzeige, die man auf den Markt bringen kann!

2. Durch die Blume gesagt

Es gibt Redewendungen, die existieren nur noch in schriftlicher Form, sie sind so abgedroschen, dass wir sie nicht einmal mehr bei einer Unterhaltung mit Freunden oder Kollegen benutzen.

Was haben diese jedoch in Bekanntschaftsanzeigen zu suchen? Ganz sicher heben sie nicht die besonderen Vorzüge des/der Suchenden hervor. Wer stiehlt zum Beispiel heute noch Pferde? Die meisten von uns müssten ziemlich weit aufs Land hinausfahren, um einem Pferd überhaupt zu begegnen. Und wer sucht noch einen Topfdeckel im Zeitalter der Mikrowelle? Von der Nadel im Heuhaufen ganz zu schweigen!

Wie wäre es dann aber mal mit angepassten Alternativen? Statt Pferde stehlen Auto klauen, statt im Heuhaufen im Datenwust suchen und anstelle des passenden Deckels einen passenden Telefonanbieter!

Aber mein Vorschlag kommt für diese Kandidaten wohl zu spät.

Starten wir also mit dem absoluten Klassiker – dem Topf, der einen Deckel und mehr sucht:

Partnerschaften & Kontakte » Er sucht Sie

Einsamer Topf sucht sein passendes Deckelchen

Einen wunderschönen gt. Tag, ich bin der Andreas, 26 J. jung, Gr.: 180 cm, Figur: normal gebaut. Hier versuche ich, auf diesem Weg, einmal mein Glück (richtige Partnerin) fürs Leben zu finden. Ich bin ein ganz sympathischer, netter und liebevoller Menschder aber sehr alleine und einsam ist. Daher su. ich eine sympathische, nette und liebevolle Frau, die mich mag wie ich bin und für eine Beziehung bereit ist und mich nicht ausnutzt. Du solltest nicht auf den Mund gefallen sein. Du solltest Klug, nett, liebevoll, ehrlich, treu, Zärtlich, Einfühlsam, offen, Humorvoll, zuverlässig und zielstrebig sein. Du solltest einfach ein lebensfroher Mensch sein. Wenn du die Tage und Nächte, so wie ich, nicht mehr allein verbringen möchtest und lieber mit mir Pferde stehlen gehenund durch dick und dünn gehen willst, bist du sicher die richtige. Mittlerweile macht das Singleleben auch keinen Spaß mehr. Ehrlichkeit und Treue sind mir sehr wichtig daher. Bitte nur ernst gemeinte Interessenten.

Standort: D-▮▮▮▮▮▮▮▮

---

www.quoka.de

Papier ist geduldig. Jeder ist seines Glückes Schmied, gerade bei Kontaktanzeigen. Denn: Wie man in den Wald hineinruft, so schallt es auch wieder heraus. Aber Hunde, die bellen, beißen nicht. Und dennoch: Vorsicht ist die Mutter der Porzellankiste. Nicht alles, was glänzt, ist Gold, und manchmal trügt der Schein. Doch man soll den Tag nicht vor dem Abend loben, denn auch ein blindes Huhn findet mal ein Korn. Manchmal ist der Wolf im Schafspelz oder vielleicht sogar die Katze im Sack zum Pferdestehlen geeignet. Hand aufs Herz: Den Letzten beißen die Hunde! Was du heute kannst besorgen, das verschiebe nicht auf morgen, und wer zuletzt lacht, lacht am besten!

Hast du Lust, mit mir auf Wolke 7 zu schweben
Hast du Lust, mit mir auf Wolke 7 zu schweben?
Einfühlsamer, warmherziger, gutaussehender Typ, 50
J. jung, gebunden, sucht Dich. unter ▓▓▓▓▓ an
RZ ▓▓▓▓▓▓▓▓▓.

www.kalaydo.de

Gebunden klingt ein wenig nach Fesselspielen. Die Wolke 7 für Fremd-gänger ist vermutlich eher über die A9 in Richtung Unkel/Rheinbreitbach zu erreichen. Öffnungszeiten: täglich von 19.00 bis 4.00 Uhr, alle Kredit-karten, nur mlt Schutz.

Partnerschaften & Kontakte » Sie sucht Ihn
Zu jeder Tasse passt ein Teller!!
Der Sommer komt die graue Zeit ist vorbei, wer möchte da schon alleine sein. su. feste Beziehung um die schönenStunden des Lebens zu geniessen, aber genau so den Alltagsstress zu teilen. Bin 48Jahre, 163 cm und normal gebaut, ich stehe mit beiden Beinen im Leben. Alles um mein Leben noch lebenswerter zu machen wäre ein lieber treuer und ehrlicher Partner. Über ernst gemeinte Zuschriften würde ich mich sehr freuen.

Standort: ▓▓▓▓▓▓▓▓▓▓▓

www.quoka.de

Jetzt suchen auch noch Tassen einen Teller! Aber was für Teller? Suppenteller? Vorspeisenteller? Platzteller? Anstellteller? Unterteller oder vielleicht Alfred Teller? Und von welchem Hersteller? Ikea? Meißner? Hutschenreuther?

Nadel im Heuhaufen gesucht!

50% der Bevölkerung sind Frauen...davon sind 20% zu jung und 20% zu alt...von den restlichen 10% sind 5 % zu dick, zu klein oder zu hässlich... vom Rest sind 90% glücklich vergeben und weitere 5% unglücklich aber feige... vom Rest haben 80% kein Internet und 10% kein Handy... vom allerletzten Rest kennen 99% diese Seite nicht und können so also auch meine anzeige nicht lesen... der Minirest zu dem du gehörst wird doch wohl so lieb sein mir (m, 34, 181cm) endlich zu schreiben, damit ich nicht mehr die Nadel im Heuhaufen suchen muss :-)

www.markt.de

Und die potenzielle Traumfrau besteht dann aus 38,6 % Klamotten (im Schrank), 18 % Unpünktlichkeit, 11 % Untreue, 10,02 % Putzfimmel, 8,02 % Handtaschen, 6 % Schuhen, 4,32 % Schweißfüßen, 1,99 % Implantaten und 2,05 % Make-up. (Will das wirklich jemand?)

Nette Frau zum Pferde stehlen gesucht

Hi Ich 38Jahre suche eine Frau 28J bis 38J zum Pferde stehlen . Du solltest aber auch Vertrauen ,Persönlichen Freiraum und Treue in einer Beziehung für wichtig halten.

www.markt.de

Das Pferdestehlen scheint im 21. Jahrhundert eine äußerst gängige Freizeitbeschäftigung zu sein. Dicht gefolgt von Ochsenpflugziehen, Galeerenrudern, Minnesingen, Kettenhemdtragen und Gottessohnkreuzigen.

Attraktive Zahnärztin sucht Mann fürs Leben
Habe Herz, Hirn und Humor. Bin ledig u. kinderlos. Suche liebeswerten Akademiker im Raum München/Oberbayern, sportlich, schlank, ab 1,75 m, bis 40 Jahre. Nur mit Bild. Zuschriften unter ✉☎ZS▮▮▮▮▮ an die Süddeutsche Zeitung.

Süddeutsche Zeitung

Was ist der Mann fürs Leben? Der Gegenspieler vom Mann fürs Sterben? Ich weiß es nicht. Dafür arbeitet die Dame mit der guten alten Alliteration. Ich kenne sie noch aus der Schule als DAS rhetorische Schmuckelement schlechthin.

Noch einmal zur Erinnerung: Man reiht einfach Wörter mit den gleichen Anfangsbuchstaben aneinander, also zum Beispiel »Mit Kind und Kegel« oder »Mit Mann und Maus«. Bei Richard Wagner liest sich das so: Winterstürme wichen dem Wonnemond. Bei der folgenden Anzeige lautet es:

Bücher, Brahms, Bilder, Blüten und Bewegung mag attrakt., sportliche Frau, 56, 174, und Sie?l PLZ 3
ZA▮▮▮▮ DIE ZEIT, 20079 Hamburg

www.zeit.de

Aber gehören zu den B-Dingen nicht auch Bärte, Bäuche, Bayern München und Beischlaf...

Geht's Dir wie mir?

Ich suche einen echten Partner fürs Leben, ein Mann für dick und dünn, für gute und schlechte Zeiten, einer der zu mir steht und auf den ich mich verlassen kann und weiß was Ehrlichkeit bedeutet!

Ich bin eine treue Seele, 40 Jahre alt, 2 Kinder im Teenageralter, blond, sehr frauliche Figur (Rubens lässt grüßen), humorvoll, verlässlich und immer da wenn man(n) mich braucht.

Ich habe kein Interesse an sexuellen Abenteuern oder Fernbeziehungen!

Nu denn ich lass mich mal überraschen. :-)

www.markt.de

»Durch dick und dünn« und für »gute wie schlechte Zeiten«. Das »dick« hätte die Frau im Folgetext ja geklärt, was sie allerdings mit »dünn« meint, erschließt sich mir nicht. Ich befürchte, dass diese Frau vor allem Hilfe mit ihren pubertierenden Pickelköpfen braucht, die sexuelle Abenteuer in der kleinen Eineinhalbzimmmerwohnung sowieso unmöglich machen. Gesucht werden hier: Oberfeldwebel, Zirkusdompteure, Blackwater-Pensionäre oder prügelaffine katholische Exbischöfe aus dem Raum Augsburg.

> **In Liebe und Leid, bin ich für Dich bereit**
> mit Herz Liebe und Vertrauen werde ich immer auf
> Dich bauen.
> Er 49/187/99 mit angenehmen Äüßerem und guter
> Figur, voll im Beruf,
> sucht Sie für das größte Glück des Lebens,

www.kalaydo.de

Der Dichter, der Dichter bekommt eins auf die Lichter!
Im Großen und Ganzen ging dieser Reim an meine Substanzen.
Mit Geist, Hirn und Verstand weise ich diesen von der Hand.
Und dem Poeten sei geraten: Wer so reimt, bekommt eins übergebraten. Auf die Schnelle eine Schelle, ohne Warnung mit der Kelle.

> **Harrend ein Mann am Bache steht,**
> hoffend, 'ne nette Frau ihm zur Angel geht.
> Ein kleiner Fisch indessen beißt nur an,
> achtlos nach hinten wirft ihn unser Mann.
> Betrübt zum Gehen - um er dreht sich,
> Frau umarmt ihn: Ach Dich such ich.
> Zuschriften unter ✉☎AS▮▮▮▮▮ an SZ

Süddeutsche Zeitung

Die Übersetzung (in Prosa): Ein Mann steht an einem Bach, angelt und denkt dabei an Frauen. Alles normal so weit! Die kleinen Fische wirft er dann achtlos nach hinten, wo die Traumfrau steht (90-60-90, 1,68 Meter, 50 Kilo, mutmaßlich blond, in Dessous und vor Lust und Verlangen völlig willenlos) und nur darauf wartet, dass sie von einem dieser Fische getroffen wird. Der zweite Teil dieses kleinen Gedichtes ist für unsere Breiten eher ungewöhnlich, weil Frauen sich normalerweise in Boutiquen, Cafés, Bars, Clubs oder Fitnessstudios aufhalten. Das ist komisch, aber unsere schöne Geschichte geht ja noch weiter. Die Traumfrau, die an einem Bach hinter einem Angler steht und hofft, ein paar Fische an den Kopf zu bekommen, fällt unserem Protagonisten um den Hals. Happy End. Wie im wahren Leben … Im November 2010 als Film-Film-Film auf Sat1.

Auf zu neuen Ufern.... Die Philosophie der Liebe ist die Weisheit einer harmonischen
Lebensführung zu zweit, die auf Gleichwertigkeit und Verständnis füreinander beruht.
Ich, 49, bin als Reformpädagogin tätig, mag gute Gespräche, Natur, Bücher und freue
mich über die Zuschrift (BmB) eines Mannes (NR) bis 55. Raum 6-8.
ZA█████ DIE ZEIT, 20079 Hamburg

www.zeit.de

»Die Philosophie der Liebe ist die Weisheit einer harmonischen Lebensführung zu zweit, die auf Gleichwertigkeit und Verständnis füreinander beruht.« Die Wörter Philosophie, Liebe, Weisheit, Lebensführung,
Gleichwertigkeit und Verständnis könnten auch folgendermaßen kom-
biniert werden:»Das Verständnis der Liebe ist zugleich die Philosophie
der Weisheit, die Gleichwertigkeit und Lebensführung voraussetzt!«
Oder:»Eine Lebensführung in Weisheit setzt die Philosophie des Ver-
ständnisses in einer Gleichwertigkeit der Liebe voraus.« Über Reform-
pädagoginnen mache ich mich übrigens nicht lustig! Die finde ich ganz
dufte.

Wer will vermag, wer wagt gewinnt, wer liebt lebt

Handwerksmeister, 68/175/67, mit zwei grauen Schläfen, davor
weitgehend knitterfrei. Dazwischen genug Grips für vielseitige
Interessen, tiefgründige Gespräche, Humor und Selbstironie. Darunter
zwei Schultern zum gegenseitigen Anlehnen sucht dich, zwischen 52 und
65 Jahren.
Wann werden wir uns beide von unserem Teller probieren lassen......?
Freue mich auf deine Antwort!

www.markt.de

Kurze Zwischenfrage, wie viele Schultern braucht man zum Anlehnen?
Eine würde eigentlich reichen. Und wie man sich mit zwei Schultern
gegenseitig anlehnt, bleibt mir Rätsel. Vielleicht ein unmoralisches Angebot an siamesische Zwillinge?

Jäger und Sammler sind die Gene

Jäger und Sammler sind die Gene des Mannes... Er, 40, 193/90, will mal wieder auf die Pirsch. SMS an: ▉▉▉▉▉▉▉▉▉▉

www.markt.de

Vorsicht – er jagt und sammelt nicht nur Sie!

Und noch eine kuriose Variante:

Partnerschaften & Kontakte » Sie sucht Ihn

Das Blatt sucht ihren Baum *

Das kleine Blatt es sucht Ihren Baum * liebevolle Faccetreiche Sie 45 wünscht sich den Menschen mit Tiefgang * Mit dem es lachen leben lieben darf, dem bewusst ist das Schönheit nicht ausschliesslich von Anzug, Äusserlichkeiten & Lippgloss bestimmt ist *Den Baum wünsch ich mir dem auch in der heutigen Zeit Werte wichtig sind. Der nicht nur Ihren Körper sondern auch Ihren Geist lieb haben mag * Der besonders gerne auch sehr belese Baum. ein Mensch zu dem man im wahrsten Sinne aufblicken mag * Jemand der von sich sagen kann das er áuf das Besondere des Lebens auch in Lust und Liebe reflektiert* erbitte mir ausschliesslich ehrlich Zuschriften bin an keiner Affäre interessiert! Mit Freude und Hingabe erwarte ich Dich mein besonderer Baum *.

Standort: ▉▉▉▉▉▉▉▉▉▉▉▉▉▉▉▉

www.quoka.de

Treffpunkt: Gartencenter Seebauer, Ottobrunner Straße 61.

Und noch etwas: Wie kann ein Blatt einen Baum suchen? Ein Baum verliert nur welke Blätter – das scheint hier auch zuzutreffen. Rätselhaft ist nur, wie das welke, trockene Blatt wieder zurück an einen Baum kommen soll.

Partnerschaften & Kontakte » Er sucht Sie

Hast Du auch Schmetterlinge im Bauch ???
Netter Er, Single, 55/168/86, ehrlich, gepflegt, fester Beruf möchte sich mal wieder in ne nette,
liebevolle, schlanke Sie für eine ehrliche, humorvolle Beziehung verlieben. Ist denn sowas heute
noch möglich? Dann mal ran an die Tasten. Ja dich, genau dich meine ich. Nu trau dich halt mal :-)
Raum LD/SÜW/GER/KA.

www.quoka.de

Um Schmetterlinge im Bauch zu haben, müsste man erst Raupen essen. Diese würden sich so lange am gesamten Mageninhalt gütlich tun, bis sie sich an der Magenwand verpuppen. Nach einiger Zeit würden dann die kleinen Schmetterlinge schlüpfen, und dann hätte man die berühmten Schmetterlinge im Bauch. Ist ja wirklich eklig …

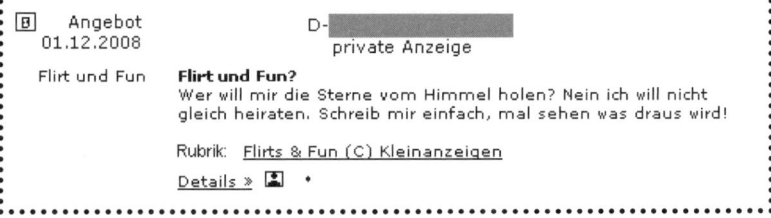

www.kleinanzeigen.de

Das klingt ein bisschen nach Armageddon, oder?

3. Wer solche Freunde hat, braucht keine Feinde!

In diesem Kapitel werden Familienangehörige und Freunde an den Meistbietenden verschachert.

Die Fremdwerber greifen dabei zu drastischen Mitteln. Da der normale Verkupplungsversuch beim Essen mit Freunden, Bekannten oder Kollegen offenbar nicht geklappt hat, wird die verzweifelte Fremdsuche jetzt auf die Anzeigenwelt ausgeweitet.

Die armen »Opfer« wissen meist gar nichts von ihrem Glück und werden von ihren Freunden dann vor vollendete Tatsachen gestellt.

Starten wir mit einem anscheinend sehr verzweifelten Vater:

Kamelmarkt!

Biete mindest. einen Kamelkopf für meine 45jähr., halbind. Tochter, die zwar wesentlich jünger aussieht, aber sonst keine großen Vorzüge hat. Leider kommt Sie berufl. aus dem (alternativ) medizin. Bereich u. ist zu meiner großen Schande noch sehr vielseit. interessiert außer in Sport. Wirklich schlimm ist, dass sie so was wie Kinder u. Tiere mag. Na ja, falls Sie, lieber Unbekannter, daran interessiert sind, einem gequälten Vater diese Tochter abzunehmen u. mind. die nächsten 50 J. zu behalten, denke ich über einen weiteren Kamelkopf nach! Herzlichst Ihr armer Vater. P.S. Als Anzahlung wäre ein Passbild ganz nett! Zuschr. u. ✉☎ZS ▮▮▮▮ an SZ.

Süddeutsche Zeitung

Danke, Papi!

Koalition mit stabiler Mehrheit gesucht!

Für Politiklehrerin (35), Schwester und gute Freundin wird ein Partner über die Legislaturperiode hinaus gesucht. Die Spitzenkandidatin: attraktiv, witzig, intelligent, grün. Garantiert keine spätrömische Dekadenz! Raum Stuttgart/Süddeutschland. Zuschriften unter ⊠ZS ▬▬▬

Süddeutsche Zeitung

Haben Sie schon einmal eine witzige und attraktive Grünen-Politikerin gesehen? Oh Gott, ist das etwa Claudia Roth?

Ich (Sohn) suche einen Mann od. Ähnliches zum Geburtstag für meine Mama. Sie ist ehrlich, fürsorglich (zärtlich) – super geil kochend (fantasievoll) – teilweise chaotisch (Organisationstalent) meist aufregend (romantisch) gerne reisend (wepsig) – vollbusig, selbständige 4-fach junggebliebene Oma (teilweise a.D.) mit vollschlanken 58, dich nicht ganz normalen, gerne auch komplett ausgestreckten Typen.

HALLO

Gut, dass Sohnemann nicht zu hohe Ansprüche hat: ein komplett ausgestreckter Typ der Spezies »mannähnliches Lebewesen«.

> **Geschenk für beste Freundin: Sie wird 30! Zu ihrem Glück fehlt ein Mann!**
> **Zu ihr: 1,78 m, attr., schlank, Kaffee-Genießerin, reisefreudig, Tanzbein**
> **schwingend, kulturell int. u.v.m.**
> **Mailt bitte mit Bild (!) an:** ▓▓▓▓▓▓▓▓▓▓▓▓

www.kreuzer-leipzig.de

Was sind das bloß für Freunde, die als Topeigenschaft »Kaffee-Genie-ßerin« herausfiltern? Warum nicht Tee-Liebhaberin, Spezi-Frau oder Milchshake-Fetischistin?

Schwiegersohn gesucht!!

Suche für meine Tochter einen Partner. Sie ist 23 Jahre alt, erfolgreich, steht mit beiden Beiden im Leben und weiß was sie will. Sie ist treu und ehrlich, manchmal sogar zu ehrlich. Sie hat noch ein bisschen Babyspeck, aber grade erfolgreich am abnehmen.
Du solltest zwischen 26-32 Jahre alt sein, deutsch, 1000% treu, 1000% ehrlich sowie tierlieb (wir haben 2 Hunde), beruflich erfolgreich und über einen gewissen finanziellen Spielraum verfügen.
Also melde dich, da ich endlich Enkelkinder möchte! Zuschriften bitte mit Bild.

www.markt.de

Die Chancen, dass dir diese Schwiegermutter später einmal gehörig auf den Keks geht, stehen 10.000:1.

Schwiegersohn gesucht......

Ich suche für meine Tochter 26 (3 Kinder) einen Partner und oder Freund der mit beiden Beinen fest im Leben steht.

Er sollte Fit und Sportlich sein, er sollte viel Humor bezitzen und er sollte gut mit Kindern umgehen können...

Würde mich auf Antworten freuen..

www.markt.de

Noch ein Schwiegersohn gesucht.
Hier ist die Familienplanung immerhin schon abgeschlossen. Fit und sportlich muss man bei drei kleinen Monstern auch sein. Ob der Humor aber wohl Bestand hat, wenn der schicke Sportwagen zur Müllhalde für Happy-Meal-Tüten verkommt, ständig mindestens ein Kind mit im Bett schläft und Kinderkrankheiten das Hauptgesprächsthema sind?

Kochtopf sucht Deckel

Suche für meinen Cousin(48 Jahre) eine liebe,ehrliche u nette Partnerin.Da mein Cousin keinen Pc hat bat er mich eine Anzeige für ihn aufzugeben.Er ist von Beruf Koch,sehr gesellig,ehrlich,humorvoll u einfach nur lieb.Da mein Mann u ich sehr viel mit ihm zusammen unternehmen wäre es schön wenn er endlich eine liebe Partnerin an seiner Seite hat,die zu ihm gehört und gemeinsam mit ihr lachen kann.Wenn Du Dich angesprochen fühlst,so melde Dich einfach.Bis bald

www.markt.de

Der gesellige Koch ist ein Säufer! Und der liebe Cousin hat die Anzeige nur aufgegeben, weil er die Schnauze voll davon hat, seinen sturzbetrunkenen Verwandten immer heimtragen zu müssen.

Für meine verwit. Freundin
63 Jhr./1,73/schlank, attraktiv u. Raucherin, international geprägt, wünsche ich einen passenden, finanz. unabhängigen Golfer aus München und Umgebung zu finden.
Zuschriften mit Bild unter ✉☎ZS▮▮▮▮

Süddeutsche Zeitung

Was soll man sich bitte unter einer international geprägten Raucherin
vorstellen? Nicht nur der klassische Tabak, sondern auch Cannabis (Nie-
derlande), Opium (Afghanistan) …

Wir suchen für unsere Mutter, 69 Jahre,
1,64, 56 kg, attraktiv, seit 6 Jahren verwit-
wet, einen netten Herrn, **bis ca. 75 Jahre.**
Sie sollten christlich, vielseitig interessiert
und gebildet sein sowie über ein gepflegtes
Äußeres verfügen. Wir sind gespannt
auf Ihre Zuschr., alle Briefe werden
beantwortet, ✉☎ZS1881193

Süddeutsche Zeitung

Mich wundert, woher die lieben Kinder das Gewicht der Mutter so genau kennen. Schließlich ist das Gewicht einer Frau ihr bestgehütetes
Geheimnis. Oder sind das vielleicht nur schmeichelhafte Schätzungen?

Suche Seelenfreund

für meine liebe Freundin - dunkel-
haarig, attraktiv, schlank, 182 cm,
34 Jahre, selbst. Akademikerin,
sozial kompetent + witzig.
Raum Muc/Ndb. Bitte mit Bild!
Zuschriften unter ✉☎ZS▬▬▬

Süddeutsche Zeitung

Was ist ein Seelenfreund? Der Freund der Seelen der Freunde?

Da muss jetzt mal was passieren...

Da wir eigentlich nie verstanden haben,
warum diese Frau bisher keinen passenden
Partner an ihrer Seite hat, suchen wir genau diesen für unsere Freundin - Mitte 40,
schlank, ca. 170 groß und absolut tageslichttauglich.
Ihre eher zurückhaltende und warmherzige
Art verbirgt sie manchmal geschickt hinter
einer gewissen Kratzbürstigkeit. Sportlich,
fröhlich, verlässlich, schlagfertig, gesellig
mit einem Faible für hochhackige Schuhe
und Jeans. Kontaktaufnahme bitte nur mit
Bild. Zuschriften unter ✉☎ZS▬▬▬

Süddeutsche Zeitung

Muss man solche Freunde nicht lieben?
Das Opfer hätte ihnen gegenüber vielleicht die kratzbürstige Seite
noch mehr zum Vorschein bringen sollen – dann hätten diese soge-
nannten Freunde sich sicher nicht getraut, diese Anzeige aufzugeben.

SUCHE FÜR MEINE BESSTE FREUNDIN NETTEN ERLICHEN TREUEN PARTNER !!!!

Meine Freundin ist 33 Jahre hat wunderschöne blaue augen ist 1,68 gross,ist zwar etwas mollig aber ein sehr liebes warmes Herz und ist Alleinerziehende Mama von zwei Kindern im alter von 16 und 14Jahren.. Meine Freundin ist sehr liebe voll und sucht ein Mann der ihr das auch alles zurück geben kann sie gibt alles was sie hat ....sie ist einfach eine super süsse liebevolle Frau...sie sucht nach grosser Enttäuschung einen netten Mann zwecks Beziehung....

DU SOLLTEST.... Erlich ,Treu,Kinder und Tierlieb sein und vor allem es ernst meinen.....solltest zwischen 28-40 sein .. Kinder kein hinderniss...so nun hoffe ich das sich viele nette Manner melden ....meldet euch den sie ist eine sehr sehr liebe frau und wartet auf dich......

www.markt.de

Oh, da ist aber jemand früh Mama geworden. Mit 17 das erste Kind und das zweite gleich mit 19. Ach du liebes, warmes, molliges Herzchen!

RARITÄT aus MÜNCHEN: Wir suchen für unseren Freund, Vorstand, Anfang 50, 1,90 mtr., sportlich, aktiv, charismatisch, interessant und vielseitig interessiert, eine aufregende, herzliche, schlanke Mid-Agerin mit Esprit, Köpfchen und dem gewissen Extra.
E-Mail-Kontakt: ▓▓▓ oder
Zuschriften unter ✉☎ ▓▓▓

Süddeutsche Zeitung

Und die als Freunde getarnten Arbeitskollegen legen sich auf die Lauer… Das scheint nicht ganz uneigennützig zu sein, denn wenn der Herr Vorstand durch eine Mid-Agerin etwas abgelenkt wäre, hätten die Untergebenen ihre Ruhe und die Praktikantinnen erst recht!

Und die Vierbeiner suchen auch …

Ich habe mir bildlich vorgestellt, wie die kleinen possierlichen Wau-
waus eine Anzeige verfassen und abgeben.
Hunde scheinen erstaunlicherweise die einzigen Wesen zu sein (außer
Kindern), denen Frauchen auf der Waage vertraut und die deshalb das
exakte Gewicht des Futtergebers angeben können (diese kleinen Ver-
räter, wenn Frauchen das wüsste, gäbe es mindestens eine Woche Bett-
schlafverbot und keine Hundeleckerlis).
Der kleine Tunichtgut muss sich nachts klammheimlich die Zeitung ge-
schnappt und den Kugelschreiber, den er schon Tage zuvor im Garten
verscharrt hat, wieder hervorgezaubert haben. Unter dem Sofa, gut versteckt, hat er die Zeitung vor sich ausgebreitet und den filigranen Kugelschreiber ins Maul genommen.
So ein opponierbarer Daumen ist natürlich schon eine tolle Sache, aber
das Maul hat es auch getan. Die Problematik dabei ist nur, dass Hund
schlecht sieht, was Hund schreibt.
Die Datensammlung über Frauchen ging trotzdem ganz problemlos,
allerdings hat er die Körpergröße nur geschätzt. Vom Arm aus wurde
unauffällig ein Ikea-Maßband zu Boden gelassen und einfach mit zweimal Pfote multipliziert.
Zum Glück hat der kleine Kläffer auch noch einen guten Draht zum
Postboten, der die Anzeige gleich mitnehmen durfte. Ob er es aus
Angst getan hat, weiß ich nicht. Der Hund hing auf jeden Fall den ganzen Weg vom Gartentürchen zur Haustür geifernd an der Hose des
gelb gekleideten Mannes.

Labrador, Acht Jahre sucht...

für sich und sein Herrchen Anfang 50/182/70 eine liebevolle, ehrliche, treue Partnerin. Welche schlanke Sie möchte unser Leben bereichern?

Wenn Du nicht nur ein Abenteuer sucht, freuen wir uns über deine Zuschrift.

www.markt.de

Wuff!

Ich heiße Momo !

Ich bin eine sehr kleine Chihuahua Welpenhündin.

Ich suche für mein Frauchen einen sehr tierlieben,

treuen Partner, der auch mein Herz erobern möchte.

Wenn du auch einen kleinen Hund hast dann würde

ich mich noch mehr freuen.

Denn ein Spielkamerad für mich wäre auch super.

Du solltest ab +/- 55 sein und bitte kein Raucher

und auch mit uns gerne spazieren gehen oder

fahren , denn das mag ich sehr. Bitte melde dich

mit deiner Festnetznummer aus dem Raum Kassel.

www.markt.de

Ach ja, was ich ganz vergessen habe zu schreiben: Ich bin nicht ganz stubenrein.

4. Mein Name ist Hase ...

Der Großteil der Liebenden verwendet »Schatz« und alle nur denkbaren Varianten als Kosenamen für den Partner, danach kommen gleich die Tiernamen.
Platz 2: Hase/Hasi
Platz 3: Mausi
Platz 4: Bär/Bärchen/Bärli
Platz 5: Schnecke/Schnecki/Schneckchen
Ein kleiner Ausflug in das Tierreich ... und los geht es mit den Raubkatzen und ihren kleinen Hausgefährten:

Puma sucht Wildkatze.

Schöner MANN, A40, Gross (180), Top-Figur, Pumataille (geschnürt), aufregend figurbet. statt Langeweile in Karohemd und grauer

Anzug, was will frau mehr? Su. gleichges. eleg. DAME, gern sehr reif, Ausl. angenehm. Alles Weitere bei einem netten Kennenlernen.

www.markt.de

Eine Raubkatze ... wobei mir hier die geschnürte Taille etwas Angst macht. Trägt der Mann womöglich ein Korsett?

Kätzchen sucht Kater

Sie 57, 1,68,78 kein Omatyp, nett, ehrlich, treu, mobil, berufstätig
sucht beziehungsfähigen schlanken Ihn für immer.

Ich mag die Sonne, das Meer, Tiere, Natur, Garten

u.v.m.

Bin kein Discotyp

Du solltest aus der Nähe kommen da ich keine
Wochenendbeziehungen mag.

Mit beiden Beinen im Leben stehen,

Herz, Hirn und Humor haben.

Etwas handwerklich begabt und mobil sein.

www.markt.de

Hier sind wir bei den Hauskatzen angekommen …
Hm, kein Omatyp, aber auch kein Discotyp. Die Frau mit 57 lässt es
sonst ja gerne krachen! Und auch noch mit beiden Beinen im Leben stehend. Wie soll man denn sonst stehen – vielleicht im Handstand?

Wo bist Du einsamer Kater,
der auch nicht mehr alleine sein möchte, Geborgenheit und gutes Futter liebt?
Ich: Schmusekatze, groß, schlank, blond, Ww., Mitte 60, NR, fit, jung geblieben, mit
vielen Interessen, frei und unabhängig. **Du:** ab 180, mit Niveau, Humor, nicht klein-
kariert, zärtlich und reisefreudig. Wenn die Chemie stimmt, zum Aufbruch in einen
gemeinsamen Frühling. Bitte Bildzuschrift mit Tel.-Nr. unter ✉☎ [   ] an SZ.

Süddeutsche Zeitung

Die Abkürzung Ww. bedeutet hier nicht etwa Weight Watchers, sondern Witwe.

Kommen wir nun zu den Wald- und Wiesentieren:

Einsamer, netter Wolf sucht Schaf im Wolfsfell

Einsamer Wolf (50 J) sucht eine Mitstreiterin, die mit Ihm durch die Wälder bzw. den Sommer streifen will. Bevorzugte Beute wären – Sonne, Licht, inniges Kuscheln, lautes Gekicher, zärtliche Streicheleinheiten und Küsse, manchmal auch nur faules rumgesitze und Nichtstun, nette Gespräche bzw. nettes beiderseitiges Heulen und Jaulen, gemeinsames Einkaufsgebummel und Höhlenreinigung, gemeinsame Ausritte auf einem Sommergefährt und noch so einiges mehr. Wer meint, dass er dies auch mag oder bevorzugt – der sollte sich schleunigst aus seinem Winterschlaf erheben und sofort seine Pfoten in Stellung bringen und mir was per Heulen oder (auf die modere Art) per Internet zukommen lassen. Somit dürfte dann der Sommer nett, gesellig, schön, ehrlich, liebevoll, Ehrlich, Treu und romantisch werden – halt so wie ein Sommer halt so sein soll. Oder wollt Ihr weiterhin Euren langweiligen Winterschlaf weiterführen und erst im Winter wieder aufwachen ???. Ich warte und höre jeden Tag aus meinem Wald - ob ich was höre oder was erblicke was mir gefällt.
Also, worauf wartet Ihr noch – jetzt wird wieder in den Wald geheult wir steigern das Kribbeln im Bauch Gefühl – jaja jetzt wird endlich alles gut.

www.markt.de

Der Wolf ist ein Rudeltier, wissen wir spätestens seit den Biss-Büchern, und lebt in einer festen Rangordnung. Hier muss sich die Frau unterordnen und wird wohl eher mit der Höhlenreinigung beschäftigt sein als mit einem Einkaufsbummel. Und vom Schaf, das gerne ein Wolf sein will, habe ich noch nie gehört.

Osterhase (54/1,90) su. Osterhäschen (b. 45) f.d. Eiersuche u. mehr. ✉☎AS▓▓▓▓

Süddeutsche Zeitung

Aber es geht nicht um das, was Sie jetzt denken.

Süddeutsche Zeitung

Die Verzweiflung scheint grenzenlos, denn der Herr hat gleich noch eine Anzeige aufgegeben.

Das Topaussehen hat er nun jedoch etwas relativiert zu »sehr attraktiv«, die bemerkenswerten High Heels sind aber geblieben. Hoffentlich sind die nicht überlang (Schuhgröße 48), sondern extrahoch.

www.markt.de

Achtung!
Nicht die Tür aufmachen!

Rotkäppchen, 170, 55 J., fit, sportl., Hoch-
schulabschl., sucht ehrlichen, grauen, ein-
samen Wolf, der mich zum Fressen lieb haben will für den Rest des Lebens. Rm. Berlin, ✉☎ZS▮▮▮▮▮ od. ☎▮▮▮▮▮

Süddeutsche Zeitung

Und nicht nur die Wölfe sind auf der Pirsch – auch das Rotkäppchen selbst streift durch den Beziehungsdschungel.
Womöglich als Oma verkleidet.
Wölfe, passt auf, an welches Haus ihr klopft.

Froschkönig gesucht,
der wieder ein *normales* Leben führen möchte. ;-)
Schön wäre es, wäre sein Teich in der Nähe von ▮▮▮▮ evtl im Umkreis von ca 50 km.
Wenn er sich verwandelt., könnte sein Alter von 59/67 sein und eine Höhe von 177 aufwärts wäre angenehm. Er darf auch ein paar Kilos mehr ha-ben wie ich auch.
Ich bin 61 Jahre und 172 cm hoch.
Graue Haare und grüne Augen sollten ihm gefallen. Wenn ich lächele, soll-te er hin und weg sein – lach aber nicht weghüpfen!

Ob er vor Freude nun an die Tasten springt und mir schreibt?
Ich würde hüpfen ! Bis bald.

www.markt.de

Der Froschkönig darf natürlich in einer Tierparade nicht fehlen. Wird er geküsst, verwandelt er sich in einen wunderschönen Prinzen – aber vielleicht sucht er dann ja nach einer Froschkönigin?

Mäuserich sucht nette Maus zum gemeinsamen Käseknabbern

ein netter, schlanker, sportlicher, 43 jähriger, großer, gepflegter, Mäuserich, sucht eine Maus für eine nette und ehrliche Partnerschaft. Gemeinsame Unternehmungen starten, ihr eine Schulter zum Anlehnen bieten, mit ihr lachen und in schweren Zeiten

auch mal weinen, Wärme und Nähe spüren und wenn es passt , auch mehr. Das biete ich Dir. Ein evt. Kinderwunsch wäre schön,

da ich kinderlos bin und den Vaterwunsch noch hege.

Liebe Grüße

www.markt.de

Liebe Grüße zurück, Mäuserich!

Nur für die seelenverwandte Kennerin von überall Widder, "einsamer Wolf" u. Lebenskünstler, Top- Aussehen, grüne Augen dkl., phantasie- u. geistvoll, Pfeifenraucher, äußerst charmanter u. sinnlicher Kerl und Kavalier, 66/190/90 kg, led. o, Anh.- Ich weiß genau, dass NUR eine natürliche, auch nicht mehr junge, aber besonders anhängliche, tolerante, nach ständiger Liebe hungernde, üppige, verführerische Wildkatze, mit prachtvoller Mähne, überlangen Krallen, knöchellangem Fell und ausgefallen hohen Pumps zu mir passt. Absolute Ehrlichkeit und Fürsorge Ehrensache. Deine Offenbarung mit Photo, dann Antwortgarantie.
ZA █████ DIE ZEIT, 20079 Hamburg

www.zeit.de

Wölfe und Wildkatzen haben sich noch nie verstanden. Und was hat Natürlichkeit mit überlangen Fingernägeln und hohen Hacken zu tun?

38-jähr. blondes Häschen sucht den großzügigen Osterhasen, der mit mir in die
Glückseeligkeit hoppelt. ✉☎ZS▮▮▮▮

Süddeutsche Zeitung

Ich dachte immer, der Osterhase bringt nur Schokoladeneier – sie sollte sich vielleicht lieber an den Weihnachtsmann halten.

Er, attr. (1,85/81), NR, su. nettes Skihaserl,
für 30.4. + 1.5., in Ischl. Bei Sympathie
anschließende Beziehung mögl. Beeil Dich
u. schick mir ein Bild unt. ✉☎▮▮▮▮

Süddeutsche Zeitung

Testwochenende in Ischl. Und danach kommt man vielleicht sogar noch
zum Skifahren.

Bergziege, (keine Zicke), sucht Ihn
zum Alpenglühen.
45/1,72/sportlich. Ob zum Wandern
oder Biken, zu zweit ist es einfach
schöner! Bin salonfähig, kulturelle
interessiert, koche und esse gerne.
Es wird bestimmt ein schöner,
gemeisamer Sommer !
Zuschriften unter ✉☎ZS▮▮▮▮

Süddeutsche Zeitung

Meck, meck!
Salonfähig heißt hier so viel wie: Sie macht nicht in jede Ecke.

Hässlicher Schwan sucht hübsches Entlein.........

Schwan, 44 mollig, liebenswert, 177cm lang gezogen, sucht hübches molliges Entlein mit sehr fraulicher Figur. Interessen an gemeinsame Badesee Touren, Gewässer und Schongebiete unsicher machen, mobil bin ich, Hab ein gepflegtes Federkleid, wobei die eine oder andere Feder schon gerupft oder grau wurde.
Sozialstaus ist mir völlig Feder. Also keine Scheu, ich schnappe nicht. warte auf Brieftaube....... Achso, aktuelles Fluggewicht liegt bei 105 Kilo, und ich trinke kein Alkohol

www.markt.de

100 Punkte für diese Ehrlichkeit! Die anderen Anzeigenaufgeber umschreiben ihr Aussehen lieber mit blumigen Worten.

Liebeslustbär sucht dev.Honigschnecke

Bin 51-178-94,schöner gutgeb.knackiger Körper, sehr zärtl.naturverbunden,suche eine zierliche-mollige liebesbedürftige verschmuste symp.liebevolle hübsche Freundin,ca.40-60Jahre für eine lockere,dennoch feste wunderschöne Freundschaft,mehr am Telefon.kfi

www.markt.de

Noch eine Neuschöpfung im Tierreich. Der Liebeslustbär sucht die gemeine Honigschnecke.
Die Honigschnecke gehört zur Gattung der Nussschnecken aus dem Stamm der Zuckertiere *(Saccharum bestia)*. Sie sind eine der artenreichsten Klassen im Zuckeruniversum und die einzige, die auch außerhalb des Meeres vorkommt. Ihre Körpergröße im Adultstadium variiert von 10 bis zu 20 Zentimetern im Durchmesser. Seit 1999 wird der 4. Oktober in Schweden als Tag der Zimtschnecke *(Kanelbullens dag)* gefeiert, die natürlich auch zum Stamm der Zuckertiere gehört.

Maikäfer (40) sucht süße, junge Biene für immer... Zuschriften unter ✉☎ ▓▓▓▓▓

Süddeutsche Zeitung

Maikäfer, flieg ... Summ, summ, summ, Bienchen, flieg herum. Na, wenigstens eine Gemeinsamkeit.

Frühlingserwachen
Vorzeigbares Männchen (41, 186, studiert, NR), gerade mit Nestbau beschäftigt, sucht ein aufgewecktes und apartes Weibchen, das auf den Lockruf aus dem Münchner Süden hört, gerne Ausflüge in die Natur unternimmt und auch kulturellen Dingen zugetan ist.
Zuschriften unter ✉☎

Süddeutsche Zeitung

Der frühe Vogel fängt den Wurm!

"Betthäschen sucht Freund", pragmatisch, attraktiv, albern, sportlich, zierlich, feminin, Anf. 30 mit Freude am Leben, Gespräch + Sex sucht rationale Verbindung. ▓▓▓▓▓
Zuschriften unter ✉☎ ▓▓▓▓▓

Süddeutsche Zeitung

Endlich mal eine Anzeige, die Männer wirklich anspricht.
Von allen Tierarten ist ihnen nämlich das seltene, seit den 70er-Jahren vom Aussterben bedrohte Betthäschen immer noch die liebste.

5. Volle Punktzahl

Neben den herkömmlichen Kontaktanzeigen gibt es auch richtig kreative, die nicht nur durch ihr Erscheinungsbild, sondern auch durch ein-
zigartige Texte aus der Masse herausstechen.

Buch bitte kurz umdrehen!

Ob die Welt Kopf steht ... ist für Dich nur eine Frage des Standorts ? Am Rand stehend siehst Du mehr ? Nähe und Vertrauen empfindest Du nicht als Bedrohung ? Du brauchst keine 11 Mitläufer des DAV um ein Alpenpanorama genießen zu können ? Shimano + ??? gehörst bei Dir Frau-42, NR, o.A. zusammen ? ▬▬▬▬▬

Süddeutsche Zeitung

Bravo!
Das ist mir nur einmal untergekommen: eine Anzeige zum Umdrehen – sehr clever!

> **Summertime**
> **Der Sommer steht nun vor der Tür.**
> **Auch ich werd heiß, drum wünsch ich mir**
> **`ne schöne Frau mit frohem Blick,**
> **die liebt Natur, den Sport, Musik,**
> **die auch recht groß ist von Statur**
> **und neben Kopf hat auch Figur,**
> **die um die 60 hat noch Power,**
> **die öfter lustig ist und selten sauer.**
> **Mit ihr möcht ich das Glas erheben**
> **und dann zur Wolke 7 schweben.**
> **Ein Bild von ihr, das kann nicht schaden,**
> **Vielleicht so im Kostüm zum baden.**
> **Nette Worte unter ✉☎ZS** ▬▬▬▬

Süddeutsche Zeitung

Showtime
Der Sommer ist nun endlich hier,
Und lesen muss man dies von dir:
In Reimform wird gesucht 'ne Frau,
hübsch soll sie sein und ja nicht grau,
hohe Ansprüche werden hier gestellt,
da wird doch jede Frau verprellt.
Älter darf sie sein, doch nur sehr fit,
mit leichtem Fuß und festem Schritt.
Auch trinkfest soll sie möglichst sein,
und ja nicht Trübsal blasen nur daheim,
Aber wollt er nicht vielleicht nur tricksen,
und sucht Bikini-Bilder nur zum W …?

> **Vier Blätter am Klee - bist Du meine Fee?**
> Ing., 47, vom Land sucht Frau mit Verstand, Mut und Kraft soll nicht fehlen um Pferde zu stehlen. Mit Herz, Hirn und Humor möchte ich mich empfehlen.
> Zuschriften unter ✉☎ZS ▬▬▬ an SZ.

Süddeutsche Zeitung

Nur vier Zeilen geschrieben – und schon alle Interessenten vertrieben!

So alt wie Barbie - aber nicht aus Plastik!

Genug Grips verhind. Vornüberkippen.
Prima Figur - weitgehend knitterfrei.
Lebhafte eigenständige Frau sucht für
Tisch und Bett, See und Museum intell.
und vitalen Mann (NR) bis 53 J.
Zuschriften unter ✉☎ZS ▓▓▓▓▓

Süddeutsche Zeitung

Das wäre was für dich, Ken!

Ich bin durchaus Risikofreudig, nehme morgens
Elmex und Abends Aronal!
Frauen sollten Kurven haben – aber keine ganze
Nordschleife, zu dünne Frauen sind nur zu Dumm zum
Essen :) .
Ich bin richtig mutig, ich werfe auch nach 20:00
Uhr Altglas in den Cointainer und vertausche ab
und an auch mal grünes und weißes Glas. Duschen
finde ich nackt am schönsten, unter meiner
Speckschicht habe ich einen Waschbrettbauch bin
aber der Meinung lieber 5 kg zu viel als eine
Hackfresse.

www.ilove.de

Schöne Anzeige, aber was für ein extremer Revoluzzer!

Edler Stoff sucht Träger

Textilart: 10% GoreTex, 10% Neopren, 10% Leder, 10%Seide, 50% Baumwolle. Leicht entflammbar, hoher Tragekomfort, hautfreundlich. Pflegeanleitung: pflegeleicht, strapazierfähig, benötigt regelmäßig Schonwaschgang, geht aber auch bei mehr Umdrehungen nicht ein. Sie (aus MUC) 34/165, weiblich, sucht ebenso wandlungsfähigen IHN (aus BY). Abbild des Etiketts bitte an:

Zuschriften unter ✉☎

Süddeutsche Zeitung

Da stellt sich natürlich sofort die Frage: Was sind die übrigen 10 %? Edler Kaschmir? Latex? Kratziger Filz?

Mann Baujahr 64 abzugeben, leichte Gebrauchsspuren gut erhalten

Länge　　　:187
Breite　　　: bissl zu breit
Verbrauch　:sparsam
Tüv　　　　:neu
Airbag　　　:ja
Sehr zuverlässig
viel Zubehör
Top **Gelegenheit**

Sucht neue Besitzerin

www.markt.de

Typischer Gebrauchter: untreu, rostig, Auspuff leckt, öliger Antrieb und schwammige Lenkung.

www.markt.de

Gelungener Scherz.
Hoffentlich bleibt der Emanze der ironische Unterton nicht verborgen.

Süddeutsche Zeitung

Meine Herren, das ist doch ganz einfach.
Sagen Sie einfach immer: das dunklere von den beiden – das macht schlanker! Das ist sogar wissenschaftlich bewiesen: Schwarze oder dunkle Kleidung zeichnet keine Schatten. Kurz gesagt, Schwarz schluckt alle Spektralfarben, was bedeutet, dass es keine Reflexion gibt. Das heißt, die Fettrolle wirft keinen Schatten auf die Kleidung, und wo kein Schatten, da keine Fettrolle!

Welche nette „SIE" will es wagen?!
Ich bin ein Alufoliengriller, Bausparer, Chefgrüßer, Einkaufswagenschieber, Festnetztelefonierer, Jeansbügler, Nachdemschwimmennassebadehoseauszieher, Semmelüberderspüleaufschneider, VW-Fahrer u. Wechselgeldzähler. Ansonsten 43, 1,80 groß, Kutlur und Sport mögend, im Raum M. lebend, v. Beruf Kriminaler und **kein** Amsonntagbeimuttiesser. BmB ✉☎▮▮▮▮▮

Süddeutsche Zeitung

Hände hoch, sonst lade ich noch einen Witz aus dem Internet runter!

Klaue Champagner
aus Deinem Kühlschrank, die Wurst genussvoll von Deinem Brot und trage dabei das schönste Hemd aus Deinem Schrank. Morgens wecke ich Dich dann mit einem Lächeln, besetze Dein Bad, suche mit einem Tee in der Hand den Autoschlüssel. Wenn ich dann weg bin, hängt mein Parfum noch in der Luft und lässt Dich verträumt über meine Stöckelschuhe stolpern. Frau, 33 Jahre, attraktiv, klug, frech, sucht passendes Gegenstück. Zuschriften unter ✉☎ZS▮▮▮▮

Süddeutsche Zeitung

Diese Frau raubt Sie komplett aus.
Von der Wurst vom Brot über den Champagner aus dem Kühlschrank bis hin zum schönsten Hemd aus Ihrem Schrank.
Diese Frau treibt Sie total in den Wahnsinn mit herumliegenden Schuhen, stundenlangem Badbesetzen und übermäßigem Parfümkonsum.
Trotzdem süß!

Wer rechnen kann ist klar im Vorteil...

Ich:
40 Jahre, 40 x 1,5 kg schwer, 40 x 4 + 2 x 4 cm groß, fast 40 km
von Würzburg entfernt, Körbchengröße 40 x 2 ? (;-) Interessiert
Männer doch eh nicht oder ??)

Du:
Ca. 40 - 2 bis 40 + 8 Jahre alt, ca. 40 x 4,5 cm groß, ca. 40 x 2 kg
schwer, noch keine 40 Falten im Gesicht, mehr als 40 Haare auf
dem Kopf, IQ 140 - x.

Wir:
Sympathiewert mehr als 40 %, mindestens 40 x 0,1 gleiche
Interessen (Natur, Kultur, Reisen, Sauna,...), mindestens 40 x 0,05
ungleiche Interessen (sonst wär´s langweilig), 40 x X km von mir
entfernt wohnend (Faktor ist abhängig von der Sympathie).
Wenn wir uns sehen wird mir 40 Grad Celsius warm ums Herz und
mein Blutdruck steigt auf 140!
Schreib mir 40 Wörter... lass uns 40 Min telefonieren... sehen wir
uns 140 Minuten und stellen fest, ob wir die nächsten 40 Ups und
hoffentlich kleinen und kurzen Downs im Leben gemeinsam
erleben wollen...
... und lass Dir bitte keine 40 Jahre Zeit bis Du antwortest!

www.markt.de

Nicht schlecht – da hat jemand gleich einen Intelligenztest in die Anzeige eingebaut!
Erarbeiten wir uns gemeinsam den Lösungsweg: Sie: 40 Jahre, 60 Kilogramm schwer und 1,68 Meter groß. Die Körbchengröße beträgt 80, ob
A, B, C oder gar D, bleibt unbekannt. Er: sollte 38 bis 48 Jahre alt, mindestens 1,80 Meter groß und etwa 80 Kilogramm schwer sein.
Mindestens vier gleiche Interessen und zwei ungleiche Interessen sollten gegeben sein. Die Wahrscheinlichkeit, dass die Frau etwas eigenar-
tig ist, liegt hier bei 40 x 2 + (1/10) + (Körbchengröße/10) in %.

Frau mit 3 Kindern, wer traut sich?

Saftiges Steak (attraktive, humor-
und temperamentvolle Multikultima-
ma , 35, blond, 1,70, 60kg, NR,
Akad., kocht und reist gerne) mit 3
knackigen Beilagen sucht rassige,
ehrliche und treue Dauerbeilage bis
48 mit Hirn, Herz und Humor. Wer
traut sich? Gerne auch Ausländer
oder gemäßigter Moslem.

Zuschriften unter ✉☎

Süddeutsche Zeitung

Ob der dann eines Abends zu seinen Kumpels sagt: »Ich fühle mich irgendwie wie die fünfte Beilage auf dem Teller«?

Sie zahlen zuviel Steuer?
Attrakt. Blondine verhilft
Ihnen zum Splittingtarif

Akad., 44 (jünger aussehend), 178,
schlank, cosmopol., parkettsicher, gute
Gastgeberin, keine Altlasten. Ich liebe die
schönen Dinge des Lebens wie gutes Essen
und guten Wein, Sonne, Süden, Meer,
Cabrio und vieles mehr.
Ich freue mich auf Ihre Zuschrift unter
✉☎ZS▬▬▬ an d. Süddeutsche Zeitung

Süddeutsche Zeitung

Das sogenannte Ehegattensplitting ist eine Methode zur Berechnung
der Einkommensteuer von Ehegatten. Man kann sich damit einiges an
Steuern sparen – was man dann gleich mal für die Scheidungskosten
zurücklegen sollte.

Hätten Sie diesen Test bestanden?

Die klügste Frau ist dümmer als jeder Mann
--gesucht wird eine nette Frau, die einem Junggesellen das Gegenteil beweisen kann. Findest du nettes Weibchen – gerne auch mit fülligem Leibchen, den goldenen Hort – das Lösungswort? Das Lösungswort ist ein Teil von Berlin in dem der Peter wohnt – und bezeichnet zugleich einen Gegenstand ohne den sich das Leben für ihn kaum lohnt.
Frage a) Was machst du bei Tag und Sonnenschein und bei Nacht im Lichte der Sterne in deiner Freizeit gerne? (Mehrfachnennungen sind möglich): Aufräumen: 0Punkte, Fahrradfahren: 20P., Schwimmen: 20P., Ausflüge (z.B. Museum, Zoo, Potsdamer Schlösser, im Sommer auch an die Ostsee) 40P., Salsa tanzen 40P.
b) Stehst du am Teich––füttern dich die Enten gleich = 0P., du bist schlank und rank =20P., rund und gesund =30P., Pro cm Länge der Körperhülle mehr als 1 Kg Leibesfülle=10P.
c) Der Buchstabe, für den die alten Ägypter zeichneten ein Bein – stimmt mit dem ersten Buchstaben des Lösungswortes überein.
d) Außer dem ersten Buchstaben sind in dem Wort, dass für die Vortriebskraft eines Strahltriebwerks steht -- alle Buchstaben auch genau die Buchstaben des Lösungswortes, ganz konkret. Die Differenz besteht in der unterschiedlichen Sequenz.
e) 1) Ortnung ist die Hälfte des Lebens-- doch bei dir wahr alle Mühe dazu vergebens: +150P
2) Grün & Blau schmükt die Sau,-- aber du bist eine sehr ortnungsliebende Frau. Schlieps und Kragen , sowie eine perveckte Orthografhie-- sind für dich die allerschönste Melodie: minus 200P.
Auswertung:0-100P.: Na ja, vielleicht hast du dich beim zusammenzählen der Punkte etwas verrechnet,

falls nicht dann zeige mein Annonce doch mal einer Freundin oder deiner Schwester --möglicherweise werde ich durch deine Vermittlung ja ihr Allerbester.

100-200P.: Wir sollten uns kennenlernen, wenn deine Mutter bei dem Chaos in deiner Bude auch immer einen kleinen Nervenzusammenbruch erleiden tut, -- dann passt du zu mir gut. Schreibe mir den 1 oder anderen Satz - vielleicht wirst ,du Familienplanung noch nicht abgeschlossen, dann mein Schatz.

Ab 200P.: Du sollst jetzt ohne zu ruhen -- das folgende tun: Lasse das Lesen von weiteren Anzeigen sein-- und schreibe mir allein! Das Herz des Mannes, der auf dich wartet ist 43 Jahre alt - aber noch nicht kalt, 180 cm groß - ist das nicht famos. Er ist unglaublich schlampig, bartfrei, schnurbartlos, bebrillt und schlank - und er war auch nie im Leben richtig krank.

Es gibt für uns da außerdem - noch ein kleines lösbares Problem: In meiner Wohnung verfüge ich leider über keinen geeigneten Internetanschluß - demzufolge ich zum Abrufen meiner E-mails immer erst in ein Internetcafe gehen muß.
Falls daher meine Antwort auf deine Mail etwas auf sich warten tut - verliere nicht so schnell den Mut.
Wenn es schneller gehen soll, solltest du deshalb nicht per E-Mail mit mir kommunizieren - sondern sende eine SMS unter 01578/4926851oder tue mit mir unter dieser Nummer telefonieren. Eine ernst gemeinte Antwort mit erreichter Punktzahl und Nummer des Telefon - erhält eine Reaktion. Ich hoffe nach einem Besuch einer Bibliothek schaffst du die Lösung des Rätsels ohne viel Gezeter.
Viel Spaß wüscht dir dazu dein Peter.

www.kleinanzeigen.de

Super! DER ultimative Partnertest.
Eigentlich sollte jeder einen solchen Test erstellen und an alle möglichen Kandidaten aushändigen – vielleicht wäre damit vielen schon geholfen. Außerdem sollte es auch unbedingt demnächst ein Schulfach Partnertesterstellung geben!

Und jetzt lehnen Sie sich bitte kurz zurück, und genießen Sie diese wunderbar tragische Geschichte:

Das Märchen, vom Mann, der auszog die Liebe zu erleben, aber ...

Das Märchen vom Mann, der auszog die Liebe zu erleben, aber es lernte die Frauen zu fürchten ...

Es war einmal ein sympathischer, schlanker Mann von knapp über 50 Jahren. Er war über 180 cm groß, gebildet, sportlich und von angenehmem Wesen. Er war des Alleinseins müde und wollte mit einer schlanken Frau unter 50 Jahren noch einmal die Liebe zu zweit erleben. Deshalb machte er sich auf den Weg und zog hinaus in die weite Welt um sein Glück (und vor Allem die rechte Frau) zu suchen.

Die Sonne schien und er war frohen Mutes. Schon bald hörte er die Mähr von einem schlanken, liebenswerten Weibe; flugs eilte er, sie zu sehen. Er kam an ein großes Tor, klopfte an, das Tor tat sich auf, er sah das Weibe ... und erschrak gar fürchterlich, ... eher schien es, dass ein Drachen, denn ein Weib vor ihm stand. Ihre Füße steckten in neonbunten Vollplastikclocks, ihr pflegeleichtes Longshirt konnte zusammen mit ihrer Leggins ihre Leibesfülle kaum bändigen und zu allem Überfluß, um den Liebreiz ins Unermessliche zu steigern hatte sie auch noch eine Kurzhaarfrisur mit bunten Strähnchen.

Dem guten Mann, der sonst ein mutiger Held war lief ein Schauder über den Körper, ihn gruselte gar bitterlich. Schnell schlug er das Tor wieder zu, schwang sich auf seine zweirädriges Reittier und gab ihm kräftig die Sporen.

Nein, - so hatte er sich das ganz und gar nicht vorgestellt.

Er war noch nicht weit gekommen, als ihn die Kunde von einer anderen Frau erreichte. Auch sie wollte er kennen lernen und begab sich zu ihr. Von ihrem Äusseren war er wohl angetan, sie war schlank und anmutig, doch als er mit ihr einige Worte gewechselt hatte erkannte er schnell, dass die Arme zwar schön wie ein Schwan, aber ebenso borniert war und zudem wie dumm wie eine Gans. Er verabschiedete sich artig und machte sich wieder auf die Reise, denn **... so hatte er sich das ganz und gar nicht vorgestellt.**

Bald darauf kam er in eine fremde Stadt, auch dort gab es eine Frau die er kennen lernen wollte. Er sprach bei ihr vor um ein Termin für ein Treffen zu vereinbaren, - doch leider war das gar nicht so einfach, denn heute hatte die Gute Reitunterricht, morgen musste sie zum Golfen, übermorgen lag sie bei ihrem „sehr attraktiven" Psychotherapeuten auf der Couch, dann hatte sie einen Termin bei ihrem schwulen Friseur, ihr Esoterikseminar, das Treffen ihrer Selbsthilfegruppe, außerdem musste sie sich noch um ihren Garten kümmern, ihre Nordic-Walking-Stöcke polieren, im Kirchenchor singen und das Seminar für erfüllte Sexualität absolvieren bevor sie mit ihren zwei besten Freundinnen (eine davon männlich) in den Cuba-Urlaub abflog. Da der früheste Termin, den die Gute ihm anbot im Jahre 2012 lag verzichtete unser Held und zog sich traurig zurück, denn ... **so hatte er sich das ganz und gar nicht vorgestellt.**

Er wanderte viele Meilen weiter und setzte sich schließlich müde an den Wegesrand um zu rasten. Plötzlich hielt neben ihm ein Wagen an (natürlich auf einem extragroßen Frauenparkplatz) dem eine bunt gekleidete Frau entstieg ... Sie lief auf ihn zu und sprach ihn an: „Na, Kleiner was'n los? Ich bin die wilde Emma und komme gerade von meiner Frauengruppe. So einer wie du hat mir gerade noch gefehlt ... !!!"
Ups, so hatte er sich das ganz und gar nicht vorgestellt und in der Staubwolke, die sein prächtig Ross aufwirbelte konnte er gerade noch fliehen bevor ihn die wildentschlossene Emma(nze) an ihren bebenden D-Cup pressen konnte ...

Kaum hatte sich der Staub gelegt traf er schon die nächste Frau. Sie war zwar hübsch und anmutig von gepflegtem Äußeren doch in ihrem Inneren wohnte eine böse Hex.e, sie wollte ihn verzaubern und, man glaubt es kaum, ... - einen Tänzer aus ihm machen ... gerade noch rechtzeitig konnte er sich vor ihrem Zauberstab in Sicherheit bringen ...

Nein, so hatte er sich das ganze wirklich nicht vorgestellt, er wollte doch eine liebreizende, anmutige und intelligente Frau und keine feuerspeienden Drachen, keine Hex.e, Emmanze oder böse Zauberin kennen lernen. Er überlegte, was er noch anstellen könnte um die Richtige zu treffen ... und da kam ihm eine tolle Idee. - Er setzte sich hin, nahm seinen Computer und schrieb seine Geschichte auf und stellte sie ins Internet ... und wenn jetzt in diesem Moment die richtige Frau diese Geschichte liest und antwortet ... dann besteht durchaus die Möglichkeit, dass der Mann und die Frau zusammen glücklich werden und dieses Glück gemeinsam genießen ...

www.markt.de

Wahnsinn, hier war einer richtig kreativ und hat sich auch gleich seinen ganzen Frust von der Seele geschrieben. Die Gebrüder Grimm hätten das auch nicht besser hingebracht.
Und die Moral von der Geschicht: Anzeigenschreiben bringt die Wahrheit ans Licht! Respekt! Ich ziehe meinen Hut!

Rezept für zwei Personen; Zutaten:

unabhängige 45jährige in München lebend, Mann über 40 und 175cm; viel Humor, reichlich Verstand, gerne einen Schuß Offenheit, zwei Esslöffel Reiselust, eine Prise Sportlichkeit und nicht zuletzt, Zärtlichkeit nach Lust und Laune. Alle Zutaten mit wohlriechenden Gewürzen abschmecken, gut verrühren und bei einem Glas Wein servieren. Appetit bekommen? Eigene Zutaten mit Bild bitte unter

✉☎ZS   an SZ

Süddeutsche Zeitung

Manchmal schmeckt's am besten, wenn der Koch eine Prise weniger Kreativität hat.

Man backe sich einen Mann...

Man nehme gerne bei diesem Exemplar dunkle Haare, eine Körpergröße ab 1,80m und ein gepflegtes Äußeres.
Dazu kommt noch eine gute Portion Humor, eine Prise gutes Benehmen und jemand der eine nette Kombination aus einem Stubenhocker und Partyhengst ist (je nach Lust und Anlass).
Wenn diese gute Mischung mich dann noch zum Lachen bringen kann, dann wird mir der restliche Kuchen bestimmt auch noch schmecken.
Als ihr Zutaten, wo bleibt euer Rezept?

www.markt.de

Also, je nach Anlass Stubenhocker oder Partyhengst?

Anfahrt: Route über Charisma, Humor, und Feinfühligkeit; mit im Gepäck sollten Zuverlässigkeit, Treue und eine gewisse Portion Bodenständigkeit sein.
Titelseiten: natur-/tierliebend frei nach Franz Marc (Lieblingsfarbe blau), ab und zu sehr nachdenklich ("Die Brücke"), ab und zu „ver-"spielt (Klavier bis Kunsthandwerk aus aller Welt), bewegungsfreudig.
Öffnungszeiten: Juni bis Ende Oktober 9 bis 20 Uhr; November bis Ende Mai: 10 bis 18 Uhr; Abendtermine bei persönlicher Absprache/Sympathie jederzeit möglich.
Weitere Informationen: Wechsel der Öffungszeiten immerhin schon 37 x erlebt, bei mittlerweile 1,73m und feminin-schlanker Figur, ungebunden, studiert, NR.
Zielgruppe: liebenswertes männliches Gegenstück bis Mitte 40, ab 1,78m, das sich in näherer Zukunft auch ein (kleines) Familienticket vorstellen kann.
Bonusangebot: bei aussagekräftiger (Bild-) Zuschrift unter ✉☎ZS▮▮▮▮ an SZ

Süddeutsche Zeitung

Anfahrt zur Titelseite?
Wie mein Opa schon immer gern gesagt hat: »Nicht alles, was hinkt, ist ein Vergleich.«

Hilfe! Mit keinem läßt es sich leicht scherzen oder Witze austauschen - könnten Sie die erforderliche Abhilfe schaffen?
Ich bin: Toni, 51 Jahre, 82kg leicht, Hobbykoch feiner Delikatessen, nicht so spitz wie Nachbars Lumpi, gutbetuchter Hersteller güldener Luxus-Wanduhren, Formel 1 Fan, Mad-Magazin Leser, gelassen, und scherze gerne über den Teufel und dreckige Halunken, kenne mich aus Erfahrung gut in der Welt aus, mit großem Haus im Westen Münchens, und Anhang im Schlepptau.
Ich bin gar nicht: Schwiegermonster in roten Gummilatschen, Gänseblümchen Dompteur, hinterkünftiger Judas, Stinkekramküsser, Schunkelhippie, Käsezehenexibitionist, Schwerenöter, Wegelagerer, unbeholfen, entgeistert fragend, ratlos, abergläubischer Geizhals!
Meine unverdorbene Phantasie beliefert mich fast täglich mit eigenen, wie orginellen Liedertexten zu manchen Hits aus 5 Jahrzehnten.
Sex sollte unwichtig sein, das so sehr viel Arbeit!
Aber, meine Liebe, wenn sie Ihre werte Zuschrift mit viel Witz und Verstand und einem schönen Ganzbild garnieren, können Sie mich glatt vom Hocker reißen.
Zuschriften unter ✉☎ZS▮▮▮▮ an die Süddeutsche Zeitung.

Süddeutsche Zeitung

Na, da werden viele Frauen aber aufatmen – zumindest ist er kein Gänseblümchen-Dompteur.

6. Auf Zack!

Meine Damen und Herren, jetzt wird's einfach!
Denn in dieser Rubrik heißt es nur noch zuschnappen, und schon sind Sie selbst Millionär/-in, Besitzer/-in von zahllosen Villen und Jachten und reisen ständig durch die Weltgeschichte … oder haben zumindest einen kleinen Urlaub ergattert. Also Augen zu und durch!

Millionär sucht Frau fürs Leben

ich, Privatier 55, attraktiv und voller Energie, suche attraktive, schlanke und selbstbewusste Frau zwischen 35 und 40 für langfristige Partnerschaft. Du solltest weltoffen und sprachgewandt sein. Ich möchte mit dir die Welt bereisen, toll Essen und viel Schönes erleben. Mein Hauptwohnsitz ist an der Côte d'Azur, somit wünsche ich mir eine Partnerin, die sich vorstellen kann dort zu leben. Bitte nur Zuschriften per Mail an ▬▬▬▬▬▬▬▬ mit schönen Bildern. Ich freue mich auf unser Kennenlernen o. ✉☎ZS▬▬▬

Süddeutsche Zeitung

Hier ist schon das erste Prachtexemplar. Was will Frau mehr?
Dieser Millionär sucht ein Vorzeigefrauchen, um mit ihr an der Strandpromenade entlangzuflanieren. Wenn er nur schon 30 Jahre älter wäre …

> **Sportl. (schlank), gut sit. Geschäftsmann,** in eigener Villa lebend, wünscht sich eine schlanke, romantische, gut aussehende Dame bis 45 für eine gemeinsame Zukunft. Bildzuschr. m. Tel. erw. u. ✉☎▮

Süddeutsche Zeitung

Na, wenn das mal keine Doppelhaushälfte ist!

> **Schweben...**
>
> LH Flugkapitän, 43/1,83, NR, möchte Dich kennenlernen, die attr., gut sit. Dame, NR, o. Anh., gerne dkl. Typ, Raum M., für eine gem. glückliche u. sorgenfreie Zukunft. BmB. Keine PV.
>
> **Zuschriften unter ✉☎ZS**

Süddeutsche Zeitung

Vorsicht, er hat diese Anzeige womöglich an allen Lufthansa-Zielen geschaltet! Im Sommer 2010 sind das immerhin 204 Orte in 81 Ländern! Aber Flüge wären über ihn bestimmt günstiger zu bekommen.

> ●**Bentley Fahrer sucht junge Sie**●
> **Er 43/185 Unternehmer, attraktiver Gourmet, sportl. Segeln/Golf/MTB, Joggen sucht lustige, laszive, hübsche Sie bis 35 ab 170 für excl. Restaurants, Wein + Champagner trinken, gute Gespräche, Ausflüge, Freundschaft. Tel./SMS ☎** ▮

Süddeutsche Zeitung

Schlagen Sie zu! Es geht hier nur um innere Werte, aber bitte das Laszivbleiben bei den guten Gesprächen nicht vergessen.

Attraktive Unternehmertochter, 37 Jahre, sucht geschäftstüchtigen, christlichen Partner für Herz und Firma. ‚DW██████, DIE WELT, 10445 Berlin

DIE WELT

Einen Blick auf die Firma zu werfen lohnt sich bestimmt.
Aber passen Sie auf, dass Sie nicht zu viel Zeit im Büro verbringen müssen und als Arbeitssklave im Namen der christlichen Nächstenliebe verpflichtet werden.

Arzt, ledig, Anf. 40, sucht sympathische Partnerin bis 35 Jahre, mit Kinderwunsch, für gemeinsame Zukunft, Raum München. Zuschriften bitte mit Foto ✉☎██████

Süddeutsche Zeitung

Torschlusspanik?

Wo ist der großzügige, vermögende Herr
der mir (groß, schlank, attraktiv, 31 J.) ein sorgenfreies Leben bieten kann? Habe Herz und Verstand! Dauerhafte Beziehung gesucht! Zuschriften unter ✉☎AS ██████

Süddeutsche Zeitung

Ich wäre ebenfalls noch auf der Suche nach dem sorgenfreien Leben, also bitte auch bei mir melden …

Anspruchsvolle Frau gesucht!

Wenn Du gerne schick ausgehst, schöne Kleidung und schöne Schuhe trägst und endlich nicht mehr jeden Cent zweimal umdrehen willst dann brauchst Du entweder einen gutbezahlten Job oder einen reichen Typen! Gutbezahlte Jobs sind dünn gesät und reiche Typen gibt's noch viel weniger! Vielleicht solltest Du es mal mit einem einfühlsamen, reisebegeisterten, gesunden, nichtrauchenden, sportlich muskulösen, blond, blauäugigen und gutsituierten Mann versuchen der gerade im besten Alter von 37 Jahren ist - jünger aussehend. Natürlich geben viele im Vorfeld an jemanden zu sein was dann im Nachhinein meist nicht zutrifft. Deshalb gebe ich Dir die Möglichkeit mich bei einem stilvollen Essen in einem der besten Lokale der Region kennen zu lernen. Denn ich suche eine junge und attraktive Frau mit der ich die schönen Seiten des Lebens erleben und genießen kann. Leider hat die Sache einen kleinen Haken! Du solltest nicht älter als 30 sein. Wenn Du nun meinen Text bis hierher gelesen haben solltest und ich Dein Interesse geweckt habe dann trau Dich und sende mir einfach eine Nachricht mit Bild damit wir uns endlich kennen lernen.

Zuschriften unter

Süddeutsche Zeitung

Puh, geschafft!

Da hat sich jemand ja richtig Mühe gemacht.

Der Herr lädt gleich in eines der besten Lokale der ganzen Region ein ... Wo ist denn da der Haken? Da fühlt sich bestimmt die eine oder andere Hostess angesprochen.

Attraktiver Millionär 45 sucht jüngere verständnissvolle Sie für Partnerschaft !

Wenn Du eine natürliche Frau bist, die mit meinen Arbeitszeiten zurecht kommt, würde ich mich freuen wenn Du Dich bei mir meldest !

www.markt.de

Das ist doch perfekt: viel Geld, und der Mann ist nie da!

Vermögender Jungunternehmer...

... mit >2 Mio/Jahr hat zwar materiell alles, jedoch noch keine Partnerin fürs Leben und für eine Familie. Gibt es eine gut aussehende, intelligente SIE zwischen 20 und 29, die treu und ehrlich ist und auch gern Kinder haben will und aus Würzburg oder Umgebung kommt ?? Zum Gründen einer Familie reichen die materiellen Voraussetzungen jetzt schon aus. Du musst nicht den Haushalt schmeißen, dafür gibt es jetzt schon eine gute Fee im Haus. Wir können also ein sehr schönes Leben leben. Ich freue mich auf Deine Antwort mit Bild.

www.markt.de

Umsatz oder Gewinn? Vor oder nach Steuern?
Da wäre es ratsam, sich vorsichtshalber vorab die Gewinn-und-Verlust-Rechnung schicken zu lassen.

Beschreibung

Millionär 38j. sucht nette attraktive Sie. Du solltest Lust am Sex haben, Luxus lieben und gerne zum Shopping gehen. Ich biete ein Leben ohne Sorgen und mit viel Geld. Ein Leben auf der Sonnenseite! Du solltest mitbringen, Attraktivität, Intelligenz, Unabhängigkeit und Entschlossenheit.

www.adoos.de

Aufpassen, Aschenputtel!

Und weiter geht es mit Gratisurlaub:

Skipper (50 J.) sucht seefeste Boots-frau für mediterane Momente und mehr! MY 26er in Kroatien bereit für Urlaubstörns! Bitte mit Bild. Zu-schriften unter ✉☎

Süddeutsche Zeitung

Alle fangen mal klein an. Die 26er ist noch nicht die ganz große Jacht, aber schon mal ein Anfang! Oder ist das gar nicht die Jachtgröße?

Ich (M/32) su. eine Reisebegleiterin für eine Woche Almeria. Kosten werden übernom-men. Vorauss. Führerschein. ✉☎

Süddeutsche Zeitung

Oh, wohl den Führerschein abgenommen bekommen, und jetzt braucht er eine Chauffeurin. Da ist jemand ja ganz mutig, sich auf eine Frau als Fahrer einzulassen … Gibt es davor vielleicht noch eine Test-fahrt mit Rückwärtseinparken ohne Parkhilfe?

Gratisurlaub ANTWORTGARANTIE

ANTWORTGARANTIE für alle aussagekräftigen Zuschriften !

Ich fahre nicht gern allein in Urlaub. Daher möchte ich Dich im Flieger in den Süden mitnehmen.

Wenn Du zwischen 35 und 50 bist, Dich im Bikini sehen lassen kannst und vor Männern nicht fies bist (keine Sorge, ich bin schlank und sportlich, ohne Haarausfall, Pickel o.ä., dazu lieb und zärtlich), könnten unsere Urlaube und auch andere Unternehmungen zu Dauereinrichtungen werden.

www.markt.de

Endlich mal jemand mit wenig Ansprüchen: Hauptsache, sie passt in einen Bikini. Dafür entführt sie der moderne Ryan-Air-Prinz (ohne Pickel) sogar in den Süden.

Monte Carlo
Welche schöne humorvolle Frau hat Lust mit mir, M. 51 J., im Mai zum F1-Rennen an die Cote d'Azur zu fahren?

Zuschriften unter ✉☎

Süddeutsche Zeitung

Kleines Boxenluder gesucht!
Durch die Blume gesagt, bedeutet das:
Frau, maximal 25 Jahre alt, mit DD und nicht mehr als 50 Kilogramm bei 1,68 Meter Körpergröße. Knapper Rock und noch knapperes Top sind Pflicht zum Angeben vor den Kumpels.

Mit einer Frau an der Seite ist alles viel schöner...

z.B. Konzertbesuche, am liebsten in Salzburg. Reisen in interessante Städte, Wohnen in schönen Hotel's oder in gemütlichen Landgasthöfen, Teilnehmen an gesellschaftlichen Events, Essen in der Trattoria oder im Sternerestaurant, Wandern oder Spazierengehen evtl. Golfen, Schwimmen im eigenen Pool oder im Meer. Mit dem Cabrio über Land cruisen oder es sich zu Hause am Kaminofen gemütlich machen und noch vieles, vieles mehr.

Ich Dipl. Ing. 68/173/NR Witwer, 2 erw. Kinder, arbeite derzeit noch in führender Position erfolgreich, mit hohem Anspruch auch mir selbst gegenüber, in meinen Unternehmen. Ich bin zuverlässig, humorvoll, einfühlsam und wünsche mir Zärtlichkeit, Leidenschaft und Nähe die nicht eingengt.

Welche finanziell unabhängige selbstbewußte, stilsichere Dame 56 ± mit weiblicher Figur, sinnliche und begeisterungsfähige, ohne Altlasten, fühlt sich angesprochen?
Ausführliche Zuschrift bitte mit Bild (garantiert zurück) unter ✉☎ZS▮▮▮▮▮ an SZ wäre schön. Diskretion selbstverständlich.

Süddeutsche Zeitung

Nach dem Deppenapostroph entführt Sie der Herr Ing. in ein Restaurant, in dem Sie Sterne sehen können.

Attrakt. einsame Millionärin, 55-65 Jhr in Mü./Umland von ehemalig. Millionär für den Rest d.Lebens in liebevoller Zweisamkeit gesucht.Bin 61Jhr. sehr gepfl. Kfm.und biete Dir alles, was Du Dir ersehnst, außer materielle Dinge. Ich freue mich bmB an▮▮▮▮▮▮ ▮▮▮▮▮ Zuschriften unter ✉☎▮▮▮▮▮▮

Süddeutsche Zeitung

Klingt das nicht unglaublich verlockend? Vielleicht möchten Sie ja mal Exmillionärin werden?

Reichster Single Münchens
bietet großartige Perspektive
Er, 58 J., sehr erfolgreicher Unternehmer, sucht Sie zw. 35 u. 55 für
eine harmonische Partnerschaft. Biete u.a. Traumhaus im In- u. Aus-
land, jeweils mit romantischem Garten. Ich bin sehr humorvoll, habe
vielseitige Interessen, Reise, Kultur u. Sport u. wünsche mir eine
liebevolle Partnerin für eine gemeinsame glückliche Zukunft.
Zuschriften bitte unter ✉☎ZS▬▬▬▬▬

Süddeutsche Zeitung

Hat er bei all seinen Singlekollegen nachgeforscht, oder woher weiß er,
dass er der Reichste ist?
Gibt es etwa eine Forbes-Liste reicher Münchner Singles?
Kann ein Mann eigentlich noch schlimmer auf den Busch klopfen?

Wer jetzt noch nicht fündig geworden ist, der macht sich einfach selbst
auf die Suche und dreht den Spieß einfach um:

Ich drehe den Spieß einfach um!
Nun suche **ICH** - nach einem finanz.
Crash - eine **gut situierte** Frau in den
besten Jahren. Meine Gegenleistung:
LIEBE, Zärtlichkeit, Verwöhnung,
u.v.m.: Ein gesunder, gut auss., sympath. u. freier Mann, 65, 185, 99, vital,
mit vielen angenehmen Attributen.
B.m.B.: ▬▬▬▬▬▬▬▬▬
oder ✉☎ZS▬▬▬ an SZ

Süddeutsche Zeitung

Also kurz gesagt: egal, wie alt, Hauptsache: viel Kohle, Asche, Schotter,
Moos, Kies, Knete, Moneten … oder einfach Geld.
Und was sind eigentlich angenehme Attribute?

Armer Künstler sucht reiche Frau

Junger Dandy (31, Akad.), Ästhetizist und Ehrenmann sucht anmutige vermögende Dame mit Herz, Stil und Weiblichkeit als Mäzenatin, Freundin, Muse und mehr…

Zuschriften unter ✉☎

Süddeutsche Zeitung

Was ist ein Ästhetizist? Ein exorzierter Ästhet?
Und Mäzenatin ist die große Schwester der Mäzenin.

Suche verrückten Millionär, der sich auch privat sozial liebevoll betätigen will. Ich selbst bin 52 J. gebildet, sehe aber 10 J. jünger aus, sitze jedoch im Rollstuhl nach einem Schlaganfall vor 2 Jahren und bin sehr unglücklich, Raum Rhein/Main-Gebiet
ZA█████ DIE ZEIT, 20079 Hamburg

www.zeit.de

Name der Bank: Volks- und Reichwerdebank
BLZ: 700202708
Kontonr.: 471120809
Verwendungszweck: Ich werde Millionär

HELP HELP HELP

attraktive Sie, 50 Jahre, braucht finanzielle Unterstützung !!!
Bitte nur ernstgemeinte Zuschriften..

www.markt.de

Der nächste Spendenaufruf!
Dass diese Anzeige wirklich ernst gemeint ist, will ich gerne glauben –
aber wer sollte sich darauf ernsthaft melden?

Welche vermögende, großzügige Dame (50+) möchte mich: (41 J., 1,77 groß, gut gebaut, blaue Augen) kennenlernen? Bin lebenslustig u. humorvoll - dauerhafte Beziehung wünschenswert. ✉☎ZS▬▬▬

Süddeutsche Zeitung

Oder kurz: Welche steinreiche Frau will mich aushalten?

Süsse Luxus-Lady München

Sehr attraktive und schlanke Modedesignstudentin (1,58m, brünette, 25 J.) sucht vermögenden, charmanten und großzügigen Gentleman mit Stil u. Sinn für Schönes.
Mit meiner Lebensfreude möchte ich Dir dein Leben versüßen. Meine Interessen: Sport, Kultur, Reisen, Gourmetküche, Events u. mehr...
▬▬▬▬▬▬▬
Zuschriften unter ✉☎

Süddeutsche Zeitung

Über Chiffre oder gleich im Salon 1001 Nacht.

Attraktive, gutaussehende Ärztin

asiatischer Herkunft, 32/165/50, NR, sucht nach großer Enttäuschung einen gebildeten, finanziell unabhängigen und vermögenden Partner mit Familienwünsch für die gemeinsame Zukunft. Keine Abenteuer. Zuschriften bitte mit Bild unter ✉☎ZS▮▮▮▮▮▮ an SZ

Süddeutsche Zeitung

Natürlich nur Privatpatienten!

Gemeinsam das Leben verschönern !

Sie, 58, schlank, charmant, intelligent, weitgereist, sucht seriösen, pens. Gentleman, der vielleicht in der Schweiz, in Frankreich oder Spanien lebt und sich eine liebevolle, häusliche Partnerin (koche sehr gerne!) wünscht. Zuschr. u. ✉ZS▮▮▮▮▮

Süddeutsche Zeitung

Wie koche ich mich in die Sonne?
Einfach gleich jemanden suchen, der in sonnigen Gefilden seine Heimat hat, und sich dann durchfüttern lassen.

Häusliche Sie, 31,

sucht sympath., vermögenden, großen Mann, ca. 1,90 m, z. Aufbau einer festen Beziehung. ✉☎ZS▮▮▮▮▮

Süddeutsche Zeitung

Auch noch Ansprüche stellen – ein vermögender Zwerg hat hier gar keine Chance!

Süddeutsche Zeitung

Wasser-Mann mit Betonung auf Wasser? Trinkt er nur Wasser? Oder ist er gerne im Wasser? Oder ist er Wassermann als Sternzeichen und will das unbedingt betonen? Das wäre doch gleich die richtige Einstiegsfrage für das erste Date.

Süddeutsche Zeitung

Ohne ein Geschenk von Tiffany & Co. geht hier gar nichts!
8-sprachig, heißt das sieben Sprachen davon selbst erfunden?
Oder vielleicht Hochdeutsch, Berlinerisch, Bayrisch, Fränkisch, Badisch, Sächsisch, Platt und noch Grundkenntnisse in Englisch?

Vita activa en France
Verw. Saar-Franzos' (Agrarhist. & BWLer, Schuhgr. & Jg. 44, 190cm, reich an Ideen - arm an Kapital) mit esprit & savoir-vivre sucht begüterte Gefährtin & Partnerin für gemeinsames agro-tourist. Projekt im südl. Frankreich.mail: ▮▮▮▮▮
Zuschriften unter ✉☎ZS▮▮▮▮▮

Süddeutsche Zeitung

Was die Schuhgröße in einer Kontaktanzeige zu suchen hat, weiß ich nicht, aber es scheint diesem Herrn sehr wichtig gewesen zu sein. Vielleicht, um zu zeigen, dass er gern auf großem Fuß lebt?

Suche liebe Frau getreu dem Motto, Gegensätze ziehen sich an....

Nicht mehr ganz junger, eher schon alter Mann Ü 60, mit einem, seiner Körpergröße nicht entsprechendem Gewicht, sucht liebe Frau getreu dem Motto, Gegensätze ziehen sich an.
Da ich selbst nicht über ausreichend finanzielle Mittel verfüge, wäre es auch hier von Vorteil wenn die Gegensätze sich anziehen würden.
Bin Nichtraucher, Alkohol trinke ich nur in trauter Zweisamkeit und des Genusses wegen, auch sonst kann ich sehr genügsam sein.
Bin lieb und nett zu meinen Mitmenschen, habe aber trotzdem eine eigene Meinung die ich auch vertrete.
Denke das eine Frau ganz gut mit mir zusammen leben könnte.........und es auch nicht bereuen muss, denn ich kann sehr zärtlich sein und das nicht nur weil es dazu gehört.....

Vielleicht gibt es ja diese Traumfrau.............auf jeden Fall solltest Du natürlich sein, mit all den Attributen des reiferen Alters, die Natürlichkeit ist von Wichtigkeit......
Schreibst Du mir? Ich würde mich freuen......und verbleibe bis dahin in meinen Träumen.

www.markt.de

Unfreundlicher, fetter, armer Säufer braucht Geld!

Grenzenlose Zicke... möchte (ausschließlich mindestens) Millionär für alles Schöne!

hochnäsige, versnobte, arrogante, eigensinnige kurz- schwierige und eingebildete- aber auch genauso abenteuerlustige, verträumte, liebe, romantische, ehrliche, sensible, verschmuste süße Maus möchte viele Abenteuer mit dem richtigen Mann erleben!

Sag ehrlich daß ich viele Gegensätze in mir habe und auch bei einer Partnerschaft meine Freiheiten brauche. Auch sag ich ehrlich, daß ich nur (ab) einen Millionär kennenlernen möchte, nicht aus finanziellen Gründen, aber vielleicht auch ein bißchen (smile), sondern mir ist wichtig daß ein Mann erfolgreich ist in dem was er tut. Ich muß stolz auf ihn sein können und ihn bewundern können. Einen Mann der mit meinem vielleicht doch etwas schwierigem? Charakter klarkommt, habe ich bis jetzt noch nicht kennengelernt- vielleicht liest DER RICHTIGE ja genau jetzt dieses Inserat...?

Du solltest genauso ehrlich sein wie ich, abenteuerlustig und verträumt, gutaussehend, groß und atlethisch .

Toll wäre es wenn du deinen Wohnsitz im Süden hättest- bin nämlich eine große Sonnenanbeterin....

P.S. Möchte mit dir der untergehenden Sonne entgegengehen....

www.markt.de

Mindestens Millionär, vielleicht schon eher Milliardär, Billionär oder Trillionär für die hochnäsige Zicke. Bitte ganz schnell antworten, denn die Nachfrage ist hier bestimmt gigantisch.

Großzügiger, MILLIONÄR gesucht, der von attrak., türk. Ex-Geschäftsfrau mit Niveau Ende 30, gr. 173cm, fem., schl., liebevoll umsorgt werden möchte.
Zuschriften unter ✉☎ZS ▓▓▓▓▓

Süddeutsche Zeitung

Nein, Millionär allein reicht natürlich nicht … Großzügig muss er schon auch sein, denn Frau will ja schließlich was davon haben.

Er sucht Aristokratin, Er, Mitte 40, Akademiker, unternehmerisch tätig,, Rollstuhlfahrer aber mobil und nicht unattraktiv, sucht sympathische Aristokratin oder Millionärin. E-mail: ▓▓▓▓▓▓▓ Zuschriften unter ✉ZS ▓▓▓▓▓

Süddeutsche Zeitung

Steinreiche Aristokratinnen sind natürlich rar. Und ob die auf nicht unattraktive Rollstuhlfahrer stehen?
Vielleicht möchte der Herr aber auch nur einen Adelstitel bekommen von der Aristokratin.
Spitzname: der rasende Baron.

7. Verdrehte Worte

www.markt.de

Ja, manche Männer sind wirklich wahre Münchhausens.
Die Übersetzung: Aussehen ist so lala, aber dann wird es knifflig:
Hat er die Villa wirklich? Denn er behauptet ja nur, dass sie vermietet
ist ... Das Gleiche mit den Pferdepflegerinnen: Haben die jetzt frei oder
nicht, gibt es sie überhaupt, aber sie müssen arbeiten? Oder sind es
vielleicht Pferdepfleger, die arbeiten? Und so geht es weiter mit dem
Fahrer, der Putzfrau und der Köchin. Und was ist mit dem Privatjet? Ist
der nur erfunden oder nur nicht kaputt? Alles sehr verwirrend!

Na danne Prost! Ups (kleines Rülpserchen)

Also(????) huch das bin ja ich, also Ich = Ende 4zig, Gelegenheits
Trinker, trinke wenig aber oft und dann viel (eigentlich nur einmal die
Woche aber dann an Sieben Tagen) und ich suche einfach (damit mein
Glück vollkommen ist) eine schlanke, lang Haarige, unterwürfige, liebe
volle, immer für mich da sein wollende Sie! Wenn Du meinst Du könntest
das sein! Dann schreib mir einfach!!!!!!!!!!!!

www.markt.de

Hier schaut wohl jemand zu oft, zu gerne und viel zu tief ins Schnaps-
glas. Gelegenheitstrinker ist da sicher ein klein wenig untertrieben – da
ist die unterwürfige Freundin natürlich Pflicht. Denn die verbietet einem das Trinken nicht. Und wenn die Frau immer für einen da ist, hält
sie einem netterweise auch das Haar aus dem Gesicht, wenn man gerade den Porzellangott anbetet.

Egoistischer Vollpfosten sucht nix. Bin 73, ganz schön fett, mit Glatze und ohne
Abschluss. Des Weiteren Frauenhasser, Kulturbanause und völlig unmusikalisch.
Dafür gibts aber ne Villa auf Malle. Du solltest beim täglichen Bier-aus-dem-Keller-holen
den nachfolgenden Anschiss auch abkönnen. genaudasgegenteil@▮▮▮▮▮

www.kreuzer-leipzig.de

Das muss man erst einmal verstehen!
Hier kommt nur bei der E-Mail-Adresse raus, dass es sich um einen spa-
ßigen jungen Mann handelt.
Übersetzung: 37 Jahre alt, total sozial, ist dünn mit vollem Haar und
Schulabschluss (welchem genau, verrät er hier nicht, könnte auch nur ein
Volkshochschulabschluss sein!). Des Weiteren Frauenliebhaber, Kultur-
freak und Bandmitglied. Und die Villa auf Malle gibt es leider auch
nicht.

8. Auf Wohnungssuche

Es gibt auch einige Kandidaten, die suchen nicht nur einen neuen Partner, sondern gleich noch eine günstige Bleibe dazu. Wobei oft nicht ganz klar ist, was dabei Priorität hat – Wohnung oder Partner?
Wird der Partner vielleicht auch je nach Wohnung ausgesucht? Gibt es da dann erst eine Wohnungsbegehung, und dann schaut man sich den Partner genauer an?

Frau sucht neues Zuhause

gerne mit Hund und Kind, kann, muss aber nicht, bin blond, 172 cm, 55 Jahre und möchte durch Dick und Dünn mit einem Lebenspartner gehen, Bildung ist kein Hindernis. Bin Witwe und daher total ortsungebunden.
3-sprachig, naturliebend, sportlich !
Alle Zuschriften mit Bild werden beantwortet. Bitte keine PV

oder unter ✉☎ZS███████ an SZ.

Süddeutsche Zeitung

Suche Haus mit Hund und Kind – und mit Mann, wenn es sein muss.

Mann mit Haus / Haus mit Mann gesucht

Suche netten Mann möglichst mit eigenem Haus in ländlicher
Umgebung, um gemeinsam eine gute Beziehung zu gestalten und zu
leben. Du solltest zwischen 53 Jahren und 58 Jahren sein, humorvoll,
gebildet, treu, ehrlich und handwerklich begabt sein. Reiselust und
Kreativität wären von Vorteil. Kinder sind willkommen. Auch gegen
Haustiere ist nichts einzuwenden.

Wenn Du dich angesprochen fühlst, dann schreibe mir. Ich würde mich
sehr freuen.

www.markt.de

Auffallend, dass hier mit keinem Satz erwähnt wird, wer da mit einziehen möchte. Häuser sind wohl nicht sehr wählerisch.

M 46 sucht neues Zuhause

Welche Frau im Bereich Mettmann, Düsseldorf, hat noch platz in ihrem
Herzen und in ihrer Wohnung.
Welche sie ist mutig und macht den ersten schritt und Antwortet mir.

Süddeutsche Zeitung

Hoffentlich ist die Wohnung größer als ihr Herz.

Landwirtswitwe

Landwirtswitwe, 62 J., 163 groß, mit schöner Figur u. üppiger Oberweite, bin fürsorglich u. bescheiden, ohne hohe Ansprüche, mag Musik, Fernsehabende, arbeite gern im Garten, habe Auto u. wäre umzugsbereit. Mir fehlt ein lieber, einfacher Mann, gerne auch älter! Bitte um Kontaktaufnahme üb. Single-Treff, Anruf kostenlos

www.markt.de

Jetzt fehlt nur noch die Hütte, vor der sie künftig ihr Holz stapeln wird.

Ansehnl. Drehbuchautor, 59/1,83m, gefühlvoll, sucht Frau mit Haus-+-Hof auf d. Land. Tel.

www.zeit.de

Nr. 1

Ansehnl. TV-Autor, liebevoll (60/1.83) sucht charm. Frau mit Anwesen - für immer! Tel.

www.zeit.de

Nr. 2

Dieser Kandidat hat es gleich zweimal versucht. Das Alter variiert leicht, aber vielleicht hat er die erste Anzeige ja einen Tag vor seinem 60. Geburtstag aufgegeben.

Welche liebe Frau zähmt bösen Mann ?!

Hallo,

bin 43 Jahre alt habe einen kleinen Ranzen, geschieden usw. Zu allem
Elend hat mir die Vermieterin nun auch noch mein Appartment
gekündigt.Welche Frau fühlt sich in der Lage mich trotz dieser Mängel für
eventuell immer in Pflege zu nehmen. Nationalität und Kids kein
Problem.

Wenn sich nun trotzdem eine Frau noch meldet würde ich mich sehr
freuen.

www.markt.de

Was versteht der Herr wohl unter »in Pflege nehmen«?
Und das usw. nach dem Ranzen gefällt mir am besten. Was wird da
wohl stehen, wenn man die Aufzählung weiterführt?
Ungepflegt, faul, pessimistisch, launisch, IQ wie Raumtemperatur, dau-
erhaft schlecht gelaunt, 5 bis 7 Katzen im Haus, hässlich, immer ein Bier
in der Hand, Bauarbeiter-Dekolleté, Lieblingsbeschäftigung: auf dem
Sofa fläzen und furzen.

9. Jobbörse

Jetzt kommen wir langsam in die anzügliche Ecke... Unglaublich, was so manche Zeitgenossen alles tun würden. Die Arbeitsagenturen scheinen hier total versagt zu haben, wenn die Kandidaten zu solchen Maßnahmen greifen. Obwohl, manchen scheint es richtig Spaß zu machen!

Die Jobsuche:

> **Das gab es noch nie!**
> Ich bin ein netter 45-jähriger Düsseldorfer und möchte einmal in meinem Leben nackt deine Wohnung putzen, bügeln, waschen oder was auch immer du zu tun hast. Ich mache das alles völlig umsonst. Mir geht es dabei nur um den Spass und um mich zu zeigen. Meldest Du dich? Gerne Frau, Frau/Frauen. Vielleicht auch ein Kaffeekränzchen. Oder nur wir beide alleine.

www.kalaydo.de

Das Risiko dabei ist natürlich, dass ein dicker, wabbeliger Mann den Besen schwingt und Sie dabei zusehen müssen.
Also: ganz alleine gerne!

männlicher H4 Empfänger bietet im Raum Köln/Bonn

48 jähriger, schlanker H4 Empfänger macht für Frau alles was sie sagt oder möchte...mehr kann ich hier wegen der Zensur nicht schreiben..Achtung: keine Männer oder Paare..nur Frauen..

für eine warme Mahlzeit

ungewöhnlich? neugierig?

www.markt.de

Er macht alles, was sie sagt. Außer sie sagt: Geh arbeiten, du Penner!

Landwirt gesucht!

Suche auf diesem Wege lieben und netten Landwirt aus dem PLZ-Gebiet 40, 41, 50 im Alter von 43 bis 50 Jahren für eine gemeinsame Zukunft.

Bin eine junge Frau im "zarten" Alter von 47 Jahren, 172 cm, 75 kg, sehr sportlich und interessiere mich für alles, was irgendwie mit Landwirtschaft zu tun hat. Liebe das Landleben über alles, mag Stallarbeiten genauso gern wie Haus- und Hofarbeiten.

Interesse? Hoffe nun auf zahlreiche Zuschriften.

www.markt.de

Tolle Fernsehidee: Frau sucht Bauer.

Kammerzofe für alle Bereiche gesucht...

von ihm 40/195/R

Heirat nicht ausgeschlossen.

Bitte Bildzuschrift.

www.markt.de

Was macht eigentlich eine Kammerzofe? Nur packen? Oder abstauben?
Kann man das auch auf dem zweiten Bildungsweg noch werden?

Jobangebote:

Partnerschaften & Kontakte » Er sucht Sie
Nacktputze gesucht
Ich bin ein attraktiver Single-Mann, 41 J., 189/80, alleinstehend und su. eine nette Frau
(25-35), die bei mir ein- bis zweimal pro Woche gegen TG nackt putzt. Freue mich auf
Eure Zuschriften. Spass garantiert.

www.quoka.de

Und Hauptsache, sie ist nett.

**Er, 58/185, m. gr. Haus, su. junge Frau f.
WG. Gerne Ausländerin; Kind kein Hindernis. Bitte mit Bild u. ZS** ✉☎▬▬▬

Süddeutsche Zeitung

Charmantere Formulierung für: Putzfrau gesucht, die Kinder können
gerne mithelfen, die Bude zu reinigen.

10. O wie Aubergine

Man hätte sich bei der PISA-Studie nicht nur auf die Bereiche Lese-
kompetenz, mathematische Kompetenz und naturwissenschaftliche
Grundbildung beschränken sollen, sondern die Rechtschreibung gleich
miteinbeziehen müssen.
Aber für diese Kandidaten kommt die Studie eh zu spät, und wenn,
dann hätten sie das Ergebnis nur noch verschlechtert.

Mordlicht, oh. Anh., gebildete, attraktive
Lehrerin (42, 1,72, 67) sucht charmanten
solventen Ihn mit Niveau für die Sterne des
Südens. Interessen: Sport, Kultur, Reisen,
Musik. ▮▮▮▮▮▮▮▮▮▮ oder
unter Zuschriften unter ✉☎ ▮▮▮▮.

Süddeutsche Zeitung

Was ist denn ein oder das Mordlicht?
Das Augenaufblitzen kurz vor einem Mord? Oder der Mond, der in einer Mordnacht kalt durch das Fenster scheint? Oder doch das Blitzlicht
des Tatort-Fotografen, das von den Kriminologen liebevoll Mordlicht
genannt wird?
Auf jeden Fall hätte sich wohl auch eine PISA-Studie unter Lehrern ge-
lohnt. Wie sollen denn die armen Kinder etwas lernen, wenn schon die
Lehrer nicht richtig schreiben können!

Suche eine ganz normalen Mann, keinen Bret Pit !
Köln/ AT
Suche eine ganz normalen Mann, keinen Bret Pit !!
Köln/AT

Also ich heiße ▮▮▮▮▮▮▮▮, bin 20 Jahre, 54 kg und
177 cm. Ich suche nur einen normalen Mann, der mit
mir ins Kino geht,
Essen und ein wenig mehr Zeit für mich hat . Ich
möchte raus aus diesem Trott, immer dasselbe. Ich
möchte mal mich und meine Bedürfnisse in den
Vordergrund stellen . Mal meine Phantasien mit
jemanden ausleben können , und ich habe viele
davon .
Leider bekomme ich dieses alles nicht von meinem
Partner, darum suche ich einen Mann der auch in den
Alltagstrott gekommen ist und heraus möchte. Es
kann ja durchaus auch mehr daraus werden ! Dann
ist es mir auch recht, alles kann passieren sogar eine
Affäre wenn die Chemie stimmt. . Ich suche also keine
feste Beziehung, keine Verpflichtungen . Wenn mein
Profil dich neugierig gemacht hat dann schreibe mir
und ich antworte so schnell wie es geht. Versprochen
. P.S Du musst aber Diskretion einhalten können .
Durch mein Beruf bin ich sehr oft in Niederösterreich
und Oberösterreich ,und Wien Frag mich wann ich wo
bin .

www.kalaydo.de

Wer ist eigentlich Bret Pit? Ist das der, der mit der Angela Scholie zusammen ist? Und spielt der nicht auch im Kino mit George Kluhni, El
Patschino und Met Dämon?

!!!!ich warte meine traume frau:)
nur hübsche bitte

www.markt.de

Lang warte muss!

Libenswürdigen Partner gesucht
Mein wunsch ist ‚einen freundlichen,humorvollen,ehrlichen Mann kennen zu lernen,der nicht raucht und nicht trinkt und etwa in meiner Umgebung wohnt,zwischen65bis 70 jahre ist.ich bin Ww.70 J:Gepflegt.,mollig,Natur liebend.

www.markt.de

Ist das vielleicht Althochdeutsch?

Sehr liebe mittelalterliche Frau

Preis: **Festpreis**

vollbusig, gutgelaunt und zur Zeit ein bisschen einsam sucht älteren Herrn für nette Unternehmungen jeglicher Art. Freue mich auf dich!!!

www.markt.de

Mittelalterlich? Vielleicht ein Burgfräulein?

**Hallo wo ist die Frau die weiß was sie will
denn ich weiß es ja auch**

Ja hallo bin mitte 30
Suche noch den passenden Deckel,suche
hier kein Abenteuer sondern dich,den
Glücksstern mit dem lächeln im Gesicht zum
Aufbau einer festen Beziehung,damit jeder
Morgen ein guter ist,Bin treu,ehrlich und
berufstätig und kein Matchooooo und kein
Morgenmuffel und kein Egoist.
Mit mir kann mann viel Spaß haben kein
Langeweiler,Kinder und Tierlieb habe selber
keine und nicht geschieden.
Wenn du dich jetzt angesprochen
fühlst,neugierig geworden bist und meinst,
das ist mein Herzblatt dann melde dich,würde
mich über eine nette und ernstgemeinte
Nachricht freuen.
L.G

www.markt.de

Hallo, Matchooooo!

Ich habe auch einige Internetprofile auf Singlenetzwerken durchstöbert.

Was ich suche:	einen besonderen Mann welcher kann mich unterstützen wenn ist das nötig,Freund für alles,auf gute und schlechte zeite. Nette Leute zum Chat,treffen usw...,meinen Schicksal.

www.ilove.de

Frau Google, bist du das?

ich wIll...
rUmKnUtschEn oHnE lUft zU hOHlen,
sEhNsUcHt nAcH DeInER HaUT uND dEineN HäNden hABen,
eiNen eLeKtRiscHen sChlag bEkOmmEn,wEnn iCH dIch
bErÜHRe,
dIcH aNrUfeN,wENN iCh SeHnsUcht hAbE,vOr dEiNeR
tÜr sTeHEN,wEnn iCh dIcH vERmiSSe,mIt DiR rEdEn
uNd vIEl LaChEn!
iCh wIll eInFaCh beTrunKeN sEin vOr GlÜCk uNd
uNgEdUldig aUfS tElEfOn sTaRReN!
wIll mIcH hINeiNsTüRzEn iN hErzKlOpfEn,bLiTzeNde
aUgEn u.sChLAflOsiGkEit,wIll dIEsEs KrIbbEln iM
bAuCh,AtEmLoSiGkEit bEIm erStEN KuSS!

www.ilove.de

sEhR aNsTrEnGeNd Zu LeSeN!

Ich suche eine erliche und auf keinenfalls
hochnäsige Frau die es erst meint denn für iregend
etwas anderes habe ich keine Nerven!

www.ilove.de

Ich möchte auf keinen Fall hochnäsig wirken, ehrlich nicht, aber ...

Es qiibt viiele Frauuen aber nuur weniiqe miiT
Klasse
schauu niicht auuf diie qeeiiLe Perle diie siich
auufstylt ; achte nicht auf diie Frau diie sich
zur Schauu stellt schauu nicht auf das maedchen
das siich iins Koma saeuft ; beachte niicht diie
diie mit dem arsch wackelt
neein
fiinde das maedchen diie süß iist gerade wegen
iihrer Fehler niicht perfekt aber dafür immer fuer
diich da iist
eein maedchen der duu in die augen siiehst
uund weiist siie wäre eiine gute Muutter
siie wuerde .....

www.ilove.de

Hmmmmmm. Haaaaaaalllo! Jemand zuuuuu Hause?

ich bin welt ofen in der ferne see ich mich in
einen wärmeren land zu wohnen und dort zu arbeitn
ich hofen die ,die ich suche die ,die mich
findet kommt mit
ich bin eine mesch den man mit wenigem schon
glücklich ist aber mi fiel auch umgehen kann

www.ilove.de

Lieber Ofen, hoffentlich wird es bald warm da, wo du bist.

Winnidu schmachtet

Winnidu, der Heubdling der Abadschen schmachtet weiter einsam und verletzt: von einer Skwa, die mit einem Domahack meine Seele gemarderd hat. Noch mehr leidet Winnidu, weil hat entdeckt erste graue Haare auf Skalp. su. friedfertige Skwa mit ein bis sieben graue Haare.

www.quoka.de

Vielleicht sein Bluddsbrudder Old Schatterhänd kann ihm einen Kopfverband anlegen und ihm auch gleich geben ein Haarfärbemittel auf den Weg mit.
Howgh, ich habe gesprochen!

2 vor 1!
Welcher lustige, ungeb. **GOLFER,** ab 1,78, löst mit mir (HCP 25, schl., 52), **Gutscheine** ein? ✉☎ZS

Süddeutsche Zeitung

2 vor 1?
Noch mal zur Erklärung des Wortes »vor«: »Vor« ist eine räumliche Angabe, bedeutet auch bevor, früher als, davor, zuvor …
Hier meint die Dame bestimmt das englische »for«, also »für«, deshalb vielleicht auch »ungeb.« für ungebildet – oder doch eher ungebunden?!

Essen und Trinken sind die drei schönsten Dinge im Leben. Starke attraktive Frau, lebh., eigenst., 51 J., weitgehend knitterfrei, 168 cm, in Kleid und Schuh: 38, wünscht sich Freund (-53, NR) z. geg. Anlehn., nicht konservativ, kultiviert, agil, viril... Zuschriften unter ✉☎ZS ▬▬▬▬▬

Süddeutsche Zeitung

Essen + Trinken = 3.

Erinnert ein wenig an ein Zitat von Fritz Langner: »Ihr fünf spielt jetzt vier gegen drei.«

(Für alle Frauen: Fritz Langner war ein deutscher Fußballspieler und Trainer.)

11. Die ehrliche Zweitbeziehung

Hier suchen vor allem Männer offen nach einer Affäre bzw. Zweitbeziehung.

Erschreckend, wie viele anscheinend in einer Beziehung feststecken und sich nach anderem oder mehr sehnen.

Für mich nur schwer nachvollziehbar, denn heute kauft doch niemand mehr die Katze im Sack. Soll heißen, man wohnt mit einem Partner vor der Ehe schon jahrelang zusammen, übt also das Eheleben und sollte dabei doch merken, dass einem etwas fehlt.

Nichts kann brennen so heiß, wie eine heimliche Liebe, von der Niemand was weiß !

Eigentlich bin ich die ganzen Jahre treu gewesen, aber jetzt suche ich eine nette, schlanke Frau für eine dauerhafte und tiefgehende Beziehung neben der Ehe. Ich selber bin Anfang 50, aber noch gut erhalten und "tageslichttauglich". Mehr möchte ich an dieser Stelle noch nicht verraten, aber gerne bei Antwort von Dir.

---

www.markt.de

Was heißt denn hier eigentlich? Da war wohl doch schon das eine oder andere kleine Techtelmechtel dabei. Jetzt wird auf jeden Fall »offen« mit dem Thema umgegangen und über Anzeige gesucht.

Diskrete Affäre / Zweitbeziehung
Ich bin ein gebundener Er in den besten Jahren.
Leider gibt es mittlerweile einiges, was IHR keinen
Spass mehr macht, auf dass ich aber nicht verzichten
möchte. Ich suche eine Sie, die in ähnlicher Situation
ist wie ich, und die eine niveauvolle Zweitbeziehung
anstrebt, bei der es aber nicht nur um das eine geht.
Wenn dich das reizt, dann melde dich doch mal. Ich
antworte garantiert.
Ich bin Anfang 50, junggeblieben, normale Figur, 176
gross. Dein Alter ist mir nicht so wichtig, wohl aber
dein Niveau. Liebe Grüße ▮▮▮▮▮▮ P.S.: Ich beisse
nicht, nur auf besonderen Wunsch ;-)

www.markt.de

IHR macht manches also keinen Spaß mehr! Ich tippe auf ein Defizit im Segment orale Befriedigung.

Gebrauchtwagen sucht weibliche Zweitfahrerin
Gebrauchtwagen, 4 Jahrzehnte alt, in festen Händen,
aber zu wenig
gefahren, sucht weibliche Zweitfahrerin für
gelegentliche Spritztouren mit
durchdrehenden Reifen. Sie sollte meine Achsen
nicht zu sehr belasten
und zwischen 30 und 50 Jahre alt sein. Lasse mich
nur von niveauvollen
Fahrerinnen bedienen, die nicht schon beim ersten
Tankstopp aussteigen,
sondern längerfristig planen und auch zu wenig
Fahrpraxis haben.

www.kalaydo.de

Hoffentlich geht die Spritztour nicht ins Auge!

Verheirateter Mann sucht zärtliche diskrete Affäre
geht es Dir genauso wir mir?

Ich bin Anfang 40 aus ▓▓▓▓▓ und mir fehlt einfach die
Zärtlichkeit und die Abwechslung ab und zu.

Daher suche ich eine nette Frau, die sich gerne ab
und zu für ein paar schöne, zärtliche Stunden mit mir
treffen möchte.

Ich bin Anfang 40, 175 normale Figur braune Haare
braune Augen und sehr gepflegt, Du, (w) solltest etwa
25-55 Jahre alt sein, gerne auch mollig und
gebunden, für mich ist die Sympathie entscheidend!
Bitte aus dem Raum ▓▓▓▓ bis ca 30km, ich bin aber
mobil ;-)

Habe ich Dich neugierig gemacht?
Denkst Du ähnlich wie ich?
Bist Du auch gebunden aber Dir fehlt etwas?

Dann Trau Dich doch mal und melde Dich, gerne lade
ich Dich zu einem Glas Wein ein und wir
beschnuppern uns einfach 'mal ;-)

Ich freue mich auf Deine Mail!

Bis bald?

Ein sehr netter Mann

www.kalaydo.de

Nett ist der kleine Bruder von Scheiße.

Hausfreund (49/185) sucht Hausfrau die Hausfreund sucht

Hausfreund (49/185) sucht Hausfrau die Hausfreund sucht der Sie diskret (längerfristig) besucht. Chiffre ████████ bitte schreiben Sie an: Frankfurter Rundschau, 60266 Frankfurt am Main

www.kalaydo.de

Auch der Hausfreund will verwöhnt werden. Immer nur putzen und kochen lastet ihn nicht aus.

Warum nicht mal tagsüber ????

Reifer Mann absolut vorzeigbar 186cm schlank humorvoll rasiert sterilisiert sucht für tagsüber eine Ehefrau zum Kaffee trinken plaudern über ALLES und bei gegenseitiger Sympathie vielleicht auch für mehr,Sauberkeit und Diskretion werden geboten und erwartet.

Nun bist du dran zu antworten,freue mich schon auf dich.

Gruss

www.markt.de

Ich bin absolut sicher, dass der rasierte und sterilisierte Herr in erster Linie über »ALLES« plaudern möchte.

Suche Erotische Dauerfreundschaft
Suche Erotische Dauerfreundschaft...tagsüber!!
Suche Sie (Nichtraucherin), die wie ich nach Prickeln,
Erotik und Abenteuer sucht.
Ich bin 31 Jahre alt, 1,82 groß, braune Haare und
Blaue Augen, normale Figur...
Gesundheit, Sauberkeit und Diskretion wird geboten
und auch von dir erwartet.
Bin besuchbar. Melde Dich...

www.kalaydo.de

Ein »Besuchbarer« also – das Baby schläft dann im Nebenzimmer, der
Mittlere muss um 12.45 Uhr aus dem Kindergarten abgeholt werden,
und die Älteste hat um 13.15 Uhr Schule aus.
Die Frau verlässt mit den Kindern um 7.30 Uhr die Wohnung. Von 7.45
bis 12.30 Uhr wäre also irgendwie Zeit!

Suche Freundin für Kurzurlaub
Ich (m/50/182/90, Nichtraucher, gebunden) will gelegentlich mal aus der
Beziehung für 1-2 Tage (oder verlängertes WE) ausbrechen und sucht
dafür eine nette, tolerante Freundin .
Wir können zB in ein Wellnesshotel an Nord-/Ostsee etc gehen (Hotel
kann ich gern übernehmen), einen Städtetrip machen etc..
Hat eine nette Frau Lust mitzukommen ?

www.kalaydo.de

Passt gleich in mehrere Kategorien: Affäre und Urlaub!
Für den Mann natürlich praktisch – das Ganze lässt sich gut als Dienst-
reise tarnen.

Sturmfreies Wochenende

Was hältst Du davon?

So könnte unser gemeinsamer Abend begingen.
Wir treffen uns bei einem romantischen Abendessen,
sind wir uns dabei Sympathisch….. dann machen wir
uns schon gegenseitig, im Restaurant richtig schön
heisss und gei……..Dann fahren wir zu mir, in meine
Hütte und fallen schon das erst mal über uns her.
Danach können wir wundervollen Abend beginnen
und einen schöne zärtliche und Fantasievolle Nacht
erleben.
Das ganze beenden wir dann mit einem Frühstück
und einem gemeinsamen Bad.
Danach fährst du wieder nach Hause.
Entspricht das deinen Vorstellungen?
Bin 172 groß, 50 Jahre alt, schlank, blond mit blauen
Augen, kein Opa Typ, bin sehr gepflegt und habe gute
Umgangsformen.
Suche nette schlanke und gepflegte Sie bis max. 55
Jahre
Bin auch gerne bereit dir eine
Aufwandsentschädigung zu begleichen, solange sich
das in einem Vernünftigen Rahmen befindet

Freue mich auf deine Antwort

www.kalaydo.de

Da ist ja wie früher mit 16: Kaum sind die Eltern aus dem Haus, geht
die Sturmfreiparty los! Aber das hier ist die Version für Fortgeschritte-
ne. Hoffentlich ist der Abend nach dem »ersten Mal« in der Hütte nicht
schon vorüber.

Was ich suche:	Eine,wie ich,gebundene Frau für eine,wenn möglich,dauerhafte Zweitbeziehung.
Was mich ausmacht:	Respektvoll den Frauen gegenüber,Diskretion,Körperbewußt, strebe immer den beidseitigen Orgasmus an. rastalli@freenet.de

www.ilove.de

Respektvoll den Frauen gegenüber – zweitbeziehungsorientiert – orgasmusbemüht – was für eine seltene Kombination.

Nicht schon beim Kennenlernen sabbern, es wird später noch feucht genug!
Nee, im Ernst: Gibt's da draußen ein erwachsenes, natürliches Mädel, dass an einer Affäre interessiert ist? :-)

www.ilove.de

Orale Inkontinenz beim Kennenlernen ist bei einem so niveauvollen Gentleman nicht ungewöhnlich.

Dein Mann geht fremd, tus doch auch

Hallo hier ist ein zärtlicher Mann, Ende 50 aus München mit Tagesfreizeit.
Ich mag es besonders, eine nette Frau sehr lange zärtlich zu streicheln,
wobei meine Französisch-Kenntnisse bestens benotet sind.
Lege auch Wert auf ein gutes Gespräch bei einem noch besseren Esen
und einem Tropfen Wein.
Wen darf ich einladen

www.markt.de

Die berühmten Französisch-Kenntnisse also!
Bonjour. Ça va? Je ne parle pas français. Parlez-vous allemand? Y a-t-il quelqu'un qui parle allemand ici? Voulez-vous coucher avec moi ce soir?
(Guten Tag. Wie geht's? Ich spreche kein Französisch. Sprechen Sie Deutsch? Kann hier jemand Deutsch? Meine Französisch-Kenntnisse sind prima benotet.)

Welche Hausfrau läd mich zum Mittagessen ein?

Welche passionierte Hobbyköchin läd mich denn mal zum Mittagessen
oder Abendessen ein ? Es muss nicht das perfekte Dinner sein, da bin
ich für alles zu haben! Und die Sahne zum ausgiebigen Nachtisch, die
liefere ich. Ein Mann in den besten Jahren freut sich auf Deine Zuschrift.

www.markt.de

Das riecht nach einer schönen bayrischen Creme oder einer lockeren
Mousse.

Genießer

französischer Leckereien. 32/171/75. sportliche Figur. längere

blonde Haare. möchte dir bei entsprechender Sympathie gern deinen

Pfirsich liebkosen. Geboten, als auch erwartet wird Körperhygiene.

Diskretion. kommunikatives Niveau und fehlendes finanzielles

Interesse. Du bist ca. 20- 40 J. und normal figürlich? Dann trau

dich. Auf deine nette Mail freue ich mich.

ww.dieanzeigen.de

Warum gerade Pfirsich? Es gäbe da doch noch viel lyrischere Synony-me für ihren Intimgraben: Schmetterling, Mumu ...

Wir sind beide klug und unvernünftig, humorvoll und gebunden, für Mitte 40 noch gut erhalten und diskret. Und wir verspüren die Lust, ab und zu den Alltag gemeinsam hinter uns zu lassen. Sachdienliche Hinweise an   aus dem Bereich 6 werden bevorzugt behandelt. ZA   DIE ZEIT, 20079 Hamburg

www.zeit.de

Noch ein Pfirsich-Interessent?

Nicht alle Männer sind . . .
. . . Schweine. Ich bin nicht rosa, mache keinen Mist
und habe auch keinen Ringelschwanz. Trotzdem will
ich endlich mal Schwein haben und dich
kennenlernen . . .

Ok, Spaß beiseite. Wenn Du auch eine stressfreie,
ungezwungene und dauerhafte Affäre suchst und
ebenfalls gebunden bist, dann würde ich mich über
eine e-mail von Dir freuen . . .

Ich selbst komme aus Düsseldorf, bin 39 Jahre alt . . .
und Du darfst auch gerne älter sein . . .

LG

www.kalaydo.de

Na ja, ein Schwein bist du irgendwie schon, finde ich.

12. Notgeile Typen, die besser in den Swingerclub gehen sollten

Die eine Rubrik geht fließend in die andere über...

2 Frauen gesucht zum............................

68 (Raum MA, LU, FT, WO, AZ, HP, GG, MZ)

Geheime Träume soll man ausleben! Ich suche 2 attraktive, gepflegte Frauen (bis max. 50), die mich und die ich ab und zu ver.....n können. Bin 40, sehr vernachlässigt - da braucht es schon 2 richtige Frauen! Bitte mit Bild... PS: Ich habe absolut keine finaziellen Interessen an Euch und das solltet ihr mir gegenüber auch haben. Mehr Infos gibt es per Email

www.markt.de

Ver...n können???

> Ich suche ein oder zwei junge weibliche Azubis oder Studentinnen für regelmässige Treffen mit mir. Ich möchte soetwas wie eine langfristige Affaire aufbauen, bei der alle etwas davon haben. Ich bin ein sehr umgänglicher Mann, sauber, gepflegt, erfahren, an vielem interessiert, ich rede gerne und höre gerne zu, bin 42 jahre alt, 187 cm hoch, 81 kg schwer, habe braune Augen und Haare. Du oder ihr zwei solltet jung und schlank sein. Ihr solltet Lust auf Erotik und Sexualität haben. Ich würde Dich/euch gerne regelmässig finanziell unterstützen. LG euer Matthias

www.kleinanzeigen.de

Lieber Matthias,
ein Stipendium wird aufgrund von politischen und sozialen Kriterien oder besonders guten Leistungen vergeben. Da werden die Mädchen bei ihren Kommilitonen aber mächtig Eindruck machen, wenn sie offiziell fürs Fick-Matthias-Stipendium ausgewählt werden.

Ohrfeigen gesucht!

Er sucht Sie. Ich wünsche mir Ohrfeigen von einer Frau, gerne sehr kräftig ausgeführt. Schlägst Du gerne oder möchtest es ausprobieren oder Dich mal abreagieren? Dann bist Du bei mir richtig. Bitte melde dich, ich bin sehr nett. Wir werden ganz bestimmt gemeinsam viel Spaß haben. Einzige Bedingung: kurze Fingernägel!

www.markt.de

Vielleicht würde es die Sache erleichtern, wenn er nicht so nett wäre.

Geschäftsmann sucht Studentin als Sponsor (Frankfurt, Hessen)
Hallo, wenn du finanzielle problem hast aber dein Studium nicht abrechen willst, wurde mich freuen dich als geliebte zu haben.
Wichtig ist Diskretion.

www.oxego.de

Statt BAföG lieber Bafick – auch eine Möglichkeit, das Studium zu finanzieren!

Pärchen sucht netten solventen Herr für .

Hallo. Wir sind ein unkompliziertes schlankes Pärchen und suchen einen solventen Mann der lust hat mit uns auf unssere Spielwiese zu gehen.

Wir (Sie 31j,Er 42 j) beide schlank , er nicht bi mit Tagesfreizeit suchen hier die abwechlung. Sie ist für alles offen .Sie ist klein und zierlich ohne Tabus.

Wer hat lust uns zu Treffen ? Kommen aus den Kölner Westen und sind Besuchbar und spontan.

MeldetDich einfach bei uns für mehr infos.

www.kalaydo.de

Sehr clever!
Was soll man auch sonst tun bei Hartz-4-Tagesfreizeit –, wenn das Fernsehprogramm langweilt.

reifere Dame für private Party gesucht

Suche für kleine private Party (max. 10 Herren) eine Dame im reiferen Alter. Diskretion wird erwartet und geboten!

www.kalaydo.de

Das wird bestimmt ein launiger, ausgefüllter Abend.

Heißer Vulkan-Sucht zum Verschmelzen Weiblichen Explosiven Vulkan!!!

ER ist ende 4oj schlank176gr,kurze dunkelbl.Haare,gepflegtes Äußeres+gt Auftreten.Ist zärtl,leider etwas Schüchtern .Berufl.Selbst.Geschäfts,der ein Manko hat.Leider fast zu gut gebaut,wie auch oft Lust hat.Die Ero.. sollte noch eine gr Rolle bei Ihr spielen.Meine Ero... Kraft erüllt alle deine Wünsche u Träume.Hat aber auch eine gewisse Vorstellung,von IHR.Es wäre schön wenn Sie,eine nicht zu kl Ober weite besitzt,normale Figur-155-169gr.Es wäre schön Sie Dunkel od Dunkelbl ist-Haar Länge Schulter-Lang.Im Heißen Bereich mag ER es gern Dicht Dunkel?Es sollten heiße frivole Dessou. mit Strümpfe,nichts besonderes sein.Mit der Vorliebe für etwas höhere Schuhen/Enge knie lange höhere Lackstiefel/Overknees.ER ist ein ROCK+KLEIDER Fan,doch bei der Länger höchstens Knie Lang.Es geht nicht nur um S.. !!!ES SOLLTE EINE FESTE BEZIEHUNG WERDEN,TAJ WENN SIE SO IST.Es sollte IHR mögl sein,sich im Abendkleid,bei Geschäftlichen Einladungen/Events,sicher zu fühlen,auch die nötigen Umgangsformen zu beherrschen.Zu-hause das blanke Gegenteil.Nämlich seine Leidenschaftl Frau,in der ein Vulkan kurz vor dem Ausbruch ist.Sehr aufgeschl,gern Experimentiert.Er ist äußerst DISKRET,wohnt in MUC beste Lage.Näheres+mehr bei Interesse

Lg Ein Mann für mehr

www.markt.de

Oh nein, schon wieder ein Ohrwurm:»Du bist so heiß wie ein Vulkan. Aaha, Aaha, und heut verbrenn ich mich daran. Tanze Samba mit mir, Samba, Samba die ganze Nacht ... «

> Ich bin sehr Schwein und ich möchte Kaviar (Scheisse) von Frauen essen.

www.ilove.de

Mahlzeit!

Dein Partner mag auch keinen Ana.verkehr?

Aber du möchtest nicht ganz darauf verzichten? Ich bin mitte vierzig und liebe es eine Frau zu verwöh nen. Melde dich wenn du Lust zu Treffen hast, bei dem dein Hintertürchen schön mit einer langen schlanken Banane verwö hnt wird!

www.kalaydo.de

Nichts für Analphabeten!

Und zu guter Letzt das passende Gegenstück für die oberen Anzeigen:

Nymphomane Südländerin will verwöhnen u. verwöhnt

Hallo,wir sind zwei freundinnen aus Krefeld und suchen interessante Männer zum verwöhnen(████████████████████
████████████)

www.markt.de

Bei den beiden kann sich doch die ganze Männerriege von oben melden. Und wenn die Mädels keine Zeit mehr haben, dann gibt es hier noch Ersatz:

Dickefrau mit schönen Hängemöpse sucht Männer /Frauen für Erotischestunden

Hobinutte wartet auf Zuschriften von Herrn die auch etwas tg geben würden !

ich bin Dick und 42 Jahrealt und absolut Sexwillig

www.markt.de

Hier müssen Sie allerdings ein kleines Trink- bzw. Taschengeld hinterlassen!
Von schönen Hängemöpsen habe ich allerdings noch nie etwas gehört. Aber vielleicht ändern sich ja die Schönheitsideale im Alter.
Wird eigentlich auch mal Zeit, dass es auch schöne Cellulitis gibt und wunderbare Besenreißer, phantastische Dehnungsstreifen und anbetungswürdige Krampfadern.

Bitte nur Männer im Sugardaddyalter

...die könnten mir aber dochmal schreiben. Ich bin auf der suche nach einem netten mänlichen Wesen, der kein problem mit einer jüngeren Freundin/Partnerin hat...Würd mich freun von Euch zu lesen, aber bitte nur schreiben, wenns echt ernst gemeint ist...

www.markt.de

Für die Herren, die eine Fast-Minderjährige auf der Gehaltsliste haben wollen – bitte sehr!

Mollige reife dauerg.Sie (50)will sich von
großz. Partner durchf... lassen. Reife
Frauen wissen was sie wollen!!!
Dikr. ehrens. Wohne Raum

Heim und Welt

Ich gehe mal davon aus, dass es sich bei »dauerg« und »durchf« um einen Dauergast zum Durchfüttern handelt!
Gibt es einen Mann, der da widerstehen kann?

13. Sextouristen

Warum in die Ferne schweifen, wenn das Gute liegt so nah …

Ich habe mich einmal bei einer professionellen Partnervermittlung umgesehen und bin auf einen Beweggrund vieler Anzeigenverfasser gestoßen:

»Wie unterscheiden sich asiatische Frauen von deutschen Frauen?
Die asiatische Frau ist keineswegs mit der deutschen Frau zu vergleichen. Der Unterschied einer Asiatin zu einer Europäerin, insbesondere hier zu einer deutschen Frau, ist schon sehr groß.
Die in Europa inzwischen zur Alltäglichkeit gewordene Gleichstellung von Frau und Mann sowie die sich immer weiter etablierende Gleichberechtigung sind im asiatischen Raum noch so gut wie nicht vorhanden.
Die asiatischen Frauen legen ihr Augenmerk nach wie vor auf Geborgenheit und Liebe. Ein netter und liebevoller Mann, der sich um die Familie kümmert, steht an erster Stelle, denn der Ausbau einer eigenen Familie steht dort meist im Vordergrund.
Eine weitere asiatische Angewohnheit ist es, dem Partner alle seine Wünsche von den Augen abzulesen und ihm das Leben so angenehm und schön zu gestalten, wie es nur irgendwie möglich ist. Diese asiatische Fürsorge und liebevolle Hingabe der Filipina finden Sie maximal in ganz, ganz kleinen Zügen bei den europäischen Frauen.«

Tja, liebe europäische Frau – die Männer, die eine solche Frau suchen, geben wir doch gerne in asiatische Hände ab.

In search of a dominant black or asian woman
I am 40, non-smoker, and looking for an asian or black woman who would like to humiliate me. Not necessarily a real domina but certainly a dominant strong woman who likes to command and punish a man. if you are interested pls send me an email, I will send you my pics and answer your questions. No financial interests. Thanks in advance.

Ich suche eine asiatsche oder schwarze Lady, die mich erniedrigt und demütigt. Nicht unbedingt eine Domina, aber auf jeden Fall eine starke Frau, die gerne kommandiert und einen ungehorsamen Mann ggf. auch bestraft. Bei Interesse bitte eine kurze E-mail, ich schicke ein Foto und beantworte alle Fragen. Danke im voraus.

www.kalaydo.de

Hier denkt mal jemand mit und übersetzt seine Anzeige auch gleich noch ins Englische.
Aus welchem Land kommt wohl eine Asiatsche?
Vielleicht eine Mischung aus Asiatin und Tschechin?

Asiatin/Afrikanerin zum heiraten gesucht

Rentner - jünger aussehend und fühlend - in Scheidung lebend - sucht eine jüngere, liebe- und verständnisvolle, unkomplizierte, vorurteilsfreie, ehrliche und schlanke Asiatin/Afrikanerin - welche hier in Deutschland lebt - um eine glückliche Familie zu gründen. Heirat nach Scheidung erwünscht. Beantworte nur ernstgemeinte Bildzuschrift(en) If you have problem with german - please write of english with nice pic! I wait with big tense!

Who have courage? I mean that very serious!

www.markt.de

Dear younger looking Rentner,
I think I am totally shot in you and I stand totally on you.
I want to part my life with you. What do you think?

liebevoller, rüstiger Rentner sucht Ausländerin zur Familiengründung

Liebevoller, treuer, rüstiger und unkomplizierter Rentner - wesentlich jünger aussehend - möchte nach der Scheidung wieder heiraten - gern jüngere und schlanke Ausländerin - um wieder ein glückliches Familienleben zu führen. Hat eine liebevolle Frau den Mut? Ich spreche und verstehe auch englisch!

www.markt.de

Und noch ein Rentner, der lieber eine Ausländerin zur Familiengründung hätte. Deutsche Frauen müssen schon sehr grausam sein.
Es scheinen sich keine Damen gemeldet zu haben, deshalb hat dieser rüstige Rentner ein paar Tage später folgende Anzeige aufgegeben:

Asiatin/Türkin/Araberin, Afrikanerin zum heiraten gesucht

Pensioner - look and feel much younger - in my own house in the near from the city Flensburg - alone and lonely - search one younger, slim, honest, loving, tender, faithful, trustful, uncomplicate and unprejudice woman - also with kid - to built one happy family. If you be already here at Germany or Europe please write with one exciting pic and more about yourself to my e-mail-address! Have you courage?   I mean that very honest! I wait of you! Bye for now!

www.markt.de

Dear Pensioner,
there I can see now that you really can speak English. Long time have I thought that text before was only hot air, but now I can see you have courage. And I mean that very honest!

Philipina-/Thai-Frau gesucht

Ich heiße ▮▮▮▮ und bin ein 51-jähriger Rollsuhlfahrer Auf diesem Weg suche ich eine liebe Frau ohne Anhang aus Thailand, Philippinen, oder anderen asiatischen Ländern. Natürlich möchte ich meine Partnerin auch heiraten! Ich bin mit allem sehr gut versorgt (Eigentumswohnung, Auto), habe ein gesichertes Einkommen, und all meine Angelegemheiten sind geregelt. Zuschriften bitte mit Bild, ich kann auch in Englisch kommunizieren.

www.markt.de

Über Rollstuhlfahrer darf man ja eigentlich keine Witze machen. Aber hier liegt die Vermutung schon sehr nahe, dass eigentlich eine Pflegerin gesucht wird, die auch gleich geheiratet wird, damit sie nicht mehr abhauen kann.

Frau gesucht Thai

Suche eine Thailänderin führ feste Beziehung, bin aus ▩▩▩▩ bin 59/184/82 getrennt lebend, habe das alleine sein seit fast 2 J. leid, zu zweit ist es viel schöner, merke immer mehr das mir hier was fehlt, wem geht es genau so und möchte wieder einen treuen, ehrlichen Partner haben, aber bitte nur Thailänderin aus Umgebung Mannheim.

www.markt.de

Da reicht das Geld wohl nicht, um in den Urlaub zu fahren und sich eine »mitzubringen«.

14. Die Karteileichen

Bei manchen Kandidaten kamen mir ernsthafte Zweifel, ob diese jemals eine/-n Partner/-in finden werden.

Geschlecht:	männlich
Alter:	31
Körpergröße:	166cm
Gewicht:	94kg
Beschäftigung:	Rentner
Ich lebe:	bei den Eltern
Ich suche	
Was ich suche:	ICH SUCHE EINE FREUNDIN DIE AUCH ZU MIR PASST!! UND AUCH ONE NIGHT STAND MÖCHTE ICH MAL MACHEN GERNE ICH MÖCHTE MAL WIEDER MIT NER HÜBSCHEN FRAU SEX ZU HABEN UND ALLES BEI IHR ZU MACHJEN MAL ALSO FRAUEN MELD EUCH BEI MIR!! ICH BIN SINGEL NOCH WÜRDE AUCH AUF NE BEZIEHUNG EINGEHEN!!

www.ilove.de

Noch würde dieser Traummann auf eine Beziehung eingehen – jetzt aber schnell, Mädels!
Er hätte sich vielleicht noch ein bisschen besser verkaufen können.

Sei gegrüßt, holde Maid!

Bist Du die Druidin, die im Mondschein barfuß um alte Eichen tanzt,
Zaubertränke braut und die Runen befragt? Dann würde ich, (41/170/75),
ein netter Germane aus ███████████, Dir sehr gerne kennen lernen!

www.markt.de

Hat sich da jemand im Jahrhundert geirrt?
Werter Jüngling, wir schreiben das Jahr 2010, und Zaubertränke werden in Österreich gebraut.

IMPOTENT

Welche Sie zwischen 18 und 55 Jahren lässt sich
gerne von 45 jährigem Mann anfassen der denkt bzw
die befürchtung hat nicht mehr seinen "Mann" zu
stehen.

www.kalaydo.de

Suche impotenten Mann fürs Leben.

Verdreh mir den Kopf, aber brich mir nicht den Hals :-)

Das mit dem ganzen Drum herum finde ich auch blöd kann ich auch nicht so wirklich was anfangen, daher hier einfach mal ein wenig „Unsortiertes" aber „Wahres" über mich:

Ich bin eher pflegeleicht, liebe Spaghetti genauso wie Erbseneintopf, lebe allein, bin Single, habe keine Kinder, manchmal entsetzlich kalte Füße, mein Job macht mir Spaß, liebe den Sommer genauso wie die anderen Jahreszeiten, habe ein MTB und muss dringend meinen Keller entrümpeln, liebe Bier, besonders Biergärten, finde „Müll raustragen" ist Frauensache, koche nicht gern, kann waschen, räume meine Schuhe selten weg, bin ehrlich, treu und zuverlässig, Musik als mein Lebensinhalt, Selbstbewusst, intelligent, witzig, ehrlich offen direkt, habe mit der Kirche eher nichts am Hut, bin sensibel manchmal sentimental, liebe guten Rotwein, Schokolade, bin öfter in der 30er-Zone geblitzt worden und treffe mich mit Freunden.

"Es gibt 3 Dinge im Leben, die man nicht mehr rückgängig machen kann:
einen verschossenen Pfeil,
ein gesagtes Wort und ...
eine Chance ."... last but not least ... ich bin 47 − 1,83 − 76

www.markt.de

Faul, aber irgendwie süß ...

Zeit am 22.10.2010?

Mein Trauungstermin am 22.10.2010 ist geplatzt. Suche auf diesem Weg eine nette Frau (ca.50 Jahre), die diesen Termin zusammen mit mir, verbunden mit einer einwöchigen Urlaubswoche in Nordfriesland, wahrnehmen möchte. Vorausgesetzt ist natürlich gegenseitige Sympathie. Magst Du mitkommen?

www.markt.de

Hier hat die Braut noch vor der Hochzeit die Düse gemacht. Will jemand einspringen? Flitterwochen in Nordfriesland sind schon mal gebucht.

hallo schnucki,

meine Anzeige nur lesen und nicht antworten bringt gar nichts.

Wenn Du mir eine Mail schickst bist Du vielleicht nächste Woche nicht mehr allein.Ich war schon 3 mal verheiratet,deshalb suche ich möglichst eine Frau welche Partnerschaft "erprobt" ist.

Ich bin 49 Jahre,normale Figur(eher schlank)

Meine Anzeige klingt zwar nicht besonders romantisch.

Aber mal ehrlich,wenn man sich das erste mal trifft,entweder es passt oder nicht.da kann man vorher noch soviel Schmarrn schreiben.

Also,wenn Du einen Realisten mit Humor und keinen Traumtänzer kennenlernen möchtest(Träume habe ich trotzdem)nämlich

meine Traumfrau kennen zu lernen.

Bis bald?

www.markt.de

Hallo, Schatzi,
du hat es immerhin schon dreimal geschafft, geheiratet zu werden. Warum muss die Frau denn partnerschaftserprobt sein? Du scheinst es ja auch nicht zu sein, wenn die Frauen immer davonlaufen.

Suche Frau für ersten Kuss
Hi, ich bin Maxi und bin 21 Jahre alt.

Suche eine nette liebe Frau (ungefähr in meinem Alter) die bereit ist, mich zu küssen. Vielleicht hast du ja auch noch nie geküsst und hast Lust dies einmal auszuprobieren.
Bin relativ schüchtern, sehr gepflegt, lieb und ich denke recht gutaussehend.

Ich würde mich sehr freuen, wenn ich über diesen Weg jemanden finde.

Wohne in der Nähe von Düsseldorf.

Bild sende ich gerne auf Anfrage.

www.kalaydo.de

Hier schon mal ein paar Tipps, wenn es dann so weit ist: Das ist ganz einfach. Zunge reinschieben, dreimal linksrum, dreimal rechtsrum. Fertig.

Frau (31), scheu, zeitweise depressiv, hübsch, interessiert an Bauhaus u. Baudrillard sucht bild. Künstler o. unangepassten Mann, kinderlieb, politisch interessiert.

DIE ZEIT, 20079 Hamburg

www.zeit.de

Wetten, dass sich hinter dieser Anzeige eine Nervensäge verbirgt!

muss es immer das gelbe vom ei sein...

...oder tut es der rest auch?

habe weder die gene von casanova oder supermann geerbt,

...bin einfach jemand, der sich trotz des alters(50) und des faktes des alleinerziehens eines bubens(13) und auch auf grund einer behinderung in erwerbsunfähigkeitsrente ist.

...zumindest erhofft man sich wieder einen neubeginn, denn auf der stelle treten bringt einen auch net weiter.

es geht net um akademischen austausch oder so, sondern darum, nähe, geborgenheit und so zu spüren, dem dasein wieder einen neuen sinn zu geben; allerdings dann lieber auf langfristige basis.

www.markt.de

Ein weiterer hoffnungsloser Fall.

Partnerschaften & Kontakte » Er sucht Sie
Jungfrau(Mann) 22 sucht

Hallo an alle interessierten Frauen, ich bin 22 und noch Jungfrau. Ich bin kein Adonis aber auch keine 150 kg wuchtbrumme. Ich würde mich über ernstgemeinte Zuschriften von Frauen zwischen 18-41 freuen. Bist du eine vernachlässigte Hausfrau die einem Jungspund mal das besondere etwas beibringen will? Oder villeicht das Mauerblümchen das zusammen mit mir die ersten Schritte in der Erotik erkunden möchte? Schreibt mir einfach. MFG.

www.quoka.de

Kann eine Frau da widerstehen?

ladenhüter zu verschenken

zu verschenken: einmaliges unikat,

eiserne jungf*au, nie benutzt, 33 jahre alt

nicht ganz einfach zu benutz*n, aber zuverlässig und loyal

groß, schlank aber nicht athletisch (wobei durch gemeinsamen sport

änderbar (-;) , blond mit blauen augen, allgemein interessiert

und - gebildet als "ladenhüter" kostenlos abzugeben an interessierte frau,

alter, herkunft und so weiter nebensächlich

sonst schmeissen wir'n weg (-;

www.markt.de

Eine Eiserne Jungfrau ist ein Folter- und Hinrichtungsgerät aus dem Mittelalter. Sie besteht aus einem Holz- oder Metallhohlkörper in Frauengestalt mit nach innen stehenden Nägeln. Der Todeskandidat wurde in die Figur gestellt, worauf diese geschlossen wurde und sich die Nägel in den Körper bohrten.

Aber im Ernst: Nicht mal Mutter Teresa würde sich auf so was melden.

15. Fremdsprachenkenntnisse

I am looking for a woman with Herpes!

I am interested in a woman with Herpes because I want to make a difference in your live, except and love you for the way you are.
I am German but I love and prefer the English language more. I am over 40, slim, single, good looking, healthy and fit. (I do not have Herpes).
I am into a stronh mental and physical connection. Important to me is eye contact, long conversations and I also love to cuddle and I am a very passionate kisser and I love to make kisses long and lasting. I mention that because I want to find a woman that has the same intentions and likings, otherwise it will not make any sense.
I am for a woman around 40 and older. The older the better. Slim to medium build would be nice. By the way, some chemistry is also important.

Please send some photo's when you reply. I know that some posts on Craigslist are not always what they seem, but I am for real and I am serious.

www.markt.de

Hier kommt die Heilung für Herpes!
Dieser über 40-Jährige geht davon aus, dass es den Frauen mit Herpes sooo schlecht geht und er der Einzige ist, der wieder Freude in das Leben einer Infizierten bringen kann.
Nein, nicht Zovirax bringt Linderung für Herpes-Beschwerden, sondern dieser heldenhafte Mann!

Suche Englisch-Lehrerin

Hallo,

wer bringt mir die Englische Sprache bei.

Bezahle mit Zärtlichkeit, Liebe und mit viel Kultur.

www.markt.de

Suche Sprachkurs, biete Liebe!

Come in and find out

Schwierige Formel fürs Glück fast gefunden....
.... mir fehlen nur noch einige Variablen.

Wenn Du mir an der Vervollständigung der Formel helfen möchtest,
tiefgründig, optimistisch und humorvoll bist und mir von Deiner
Betrachtungsweise der Dinge des Lebens erzählst, könntest Du
meine Aufmerksamkeit fesseln.

Ich, die Formelsucherin, bin wissbegierig, interessiert, liberal,
spontan, naturverbunden, sportlich und lebendig. Für mich gibt es
immer etwas neues zu entdecken, es wäre schön, mich mit Dir
darüber austauschen zu können.

Bin 44 Jahre alt und Mutter .

ach ja kein Hungerhaken ;-)

ein paar Kilos mehr auf den Hüften, aber abnehmend ;-)))

www.markt.de

Da hat jemand wohl zu oft bei Douglas herumgeschnüffelt! Wird vielleicht nach einer geheimen Parfümrezeptur gesucht?
Und was der Slogan »komm rein und find wieder raus« hier zu suchen
hat, ist mir schleierhaft.

Zwei Männer suchen nach eine Russian woman!!!

Search for a loving lady from Russia, of 24-35 years, to 168 cm tall. For solid
partnership and marriage with a child. How can you come to Germany? We are looking
for two men 45 years and 52 years of a young Russian woman. Please give me and us
a message. It would be nice if you could write and speak German.

Preis: FP

Standort: ▓▓▓▓▓▓▓▓▓▓▓

www.quoka.de

Wenn die Überschrift nicht in Deutsch wäre, würde man nicht verstehen, um was es eigentlich geht.
Erst wird eine Lady gesucht, dann zwei Männer für eine Frau, die sich wiederum melden und auch noch Deutsch sprechen soll.
Alles etwas verwirrend. Wenn aber die zwei Frauen – ich gehe mal davon aus, dass es zwei sein sollen – Deutsch sprechen sollen, dann hätte man doch gleich ganz auf Deutsch schreiben können.

Dominante Lady, 43, looking for the man
who knows his place, bevorzugt not for the
reason or season but for the life.
▓▓▓▓▓▓▓ od. ✉☎ ▓▓▓▓▓▓▓

Süddeutsche Zeitung

Diese Lady spricht auch lieber englisch als deutsch.
Befehle klingen in einer Fremdsprache natürlich viel cooler als in der Muttersprache.

> Du bist gern ganz Frau, ehrlich, authentisch, blessed with good ideas, not fearing your internal light, konfliktfähig im kritischen Dialog, mit brennender Geduld gemeinsam for the inherent right to life for every child (UN CHARTA). Schlanker, großer, vitaler, solidarischer, achtsamer Liebhaber, bindungsfähig, freut sich über warmherziges Echo!
> Tel./Fax: ▓▓▓▓▓▓▓ oder ZA ▓▓▓ DIE ZEIT, 20079 Hamburg

www.zeit.de

Da kann sich mal wieder jemand nicht entscheiden, ob er Englisch oder Deutsch bevorzugt. Und was bitte ist ein kritischer Dialog? Wenn man sich gegenseitig anbrüllt?

Ein warmherziges Echo ist zudem erwünscht. Hier wäre vielleicht ein kleiner Rückblick in den Physikunterricht der 6. Klasse angebracht: Unter Echo versteht man das Zurückwerfen einer Schallwelle. Dabei kommt es zu einer so starken Verzögerung, dass es ein separates Hörereignis gibt.

Oder ist doch eher die griechische Nymphe Echo gemeint?

16. Zu Risiken und Nebenwirkungen lesen Sie die Packungsbeilage und fragen Sie Ihren Arzt oder Apotheker

Tierarzt ges., 25-35 Süddeutschland
Western-reiterin@ Zuschriften unter
✉☎

Süddeutsche Zeitung

Da braucht eine Reiterin wohl einen günstigen Tierarzt für ihr Pferd.

Unkonventionellen "Mann ohne Eigenschaften" sucht Ärztin in München, kunst- und wochenend betont, 60+.
ZA DIE ZEIT, 20079 Hamburg

www.zeit.de

Gesucht wird ein Ulrich bzw. der »Mann ohne Eigenschaften«.

Vorwiegend tagaktiver ungestresster Arzt - sucht für Umzug aufs Land u. anderes was Spaß macht: Braut mit Esprit u. schlanker Erscheinung, bis ca 35 J. Wenn daraus Ernst wird umso besser. 42,187,80.
DIE ZEIT, 20079 Hamburg

www.zeit.de

Tagaktiv – der Arzt ist also zum Glück kein Vampir oder ein anderes nachtaktives Fabelwesen.

Arzt dringend gesucht

von 50-jähriger attraktiver, schlanker Frau. Wer kann meine Einsamkeitsbeschwerden lindern oder heilen?

www.markt.de

1. Branchenbuch aufschlagen
2. nach Ärzten suchen
3. 10 Euro Praxisgebühr zahlen, und ab ins Wartezimmer!
   Wer die Praxisgebühr für ein Quartal bezahlt hat, kann diesem Arzt dann täglich in seiner Praxis auflauern. Um ein ganzes Jahr Sonderbehandlung zu genießen, sind also lumpige 40 Euro nötig.

Medikament Gegen Herz Schmerz!!!

Rubens Tina Hergestellt 1965
Das Mittel Tina Für den Mann gegen chronisches Single da sein ist
erhältlich. Dosierung: Anfangs 1-2 mal wöchentlich, bei guter
Verträglichkeit täglich Nebenwirkungen: Schlaflosigkeit, Herzklopfen
und evtl. Suchtgefahr Zusammensetzung: Die humorvolle ca 178gr.und
schwere Packung enthält neben Tina vor allem Weibliche Hormone,
Blutkörperchen . u. s. w. Anwendungsgebiete: Tina eignet sich zur
Achtungsweise und respektvollen Therapie bei chronischen: Einsamkeit,
erhöhter Bedarf an tiefsinnigen Gesprächen. Wir empfehlen: Tina bei
Sehnsucht nach Zärtlichkeit und mangelden Lachen, sowie für Spass an
der Freud. Die Wirkung kann durch intelligenten Wortwitz gesteigert
werden. sollten sie Tina ins Herz bekommen hilft nur ein schnell zu
verabreichender ertse Hilfe KUSS ; -) Gegenanzeichen: Tina darf nicht
angewandt werden; wenn Sie nur eine kurzfristige Linderung Ihrer
Symptome suchen, da Tina auf Langzeittherapie ausgelegt ist.
Dosierung: Falls vom Arzt nicht anders verordnet, wird Tina
ununterbrochen eingenommen. Bitte beachten Sie, dass die Wirkung
erst nach geraumer Zeit eintritt. Sie sollten daher mit einer
Unsexsistischen Behandlung beginnen, da sonst eine sofortige
Kontaktsperre ausgelöst wird. Nebenwirkungen: Tina ist gut verträglich
mit Natürlichkeit, Humor, Ehrlichkeit, Witz und Charme. Führt jedoch bei
Unzuverlässigkeit , Banalitäten und Lüge zu allergischen Reaktionen. Für
Simulanten nicht geeignet!!!

www.markt.de

Ist Tina als Arzneimittel in Deutschland überhaupt zugelassen? Da es
sich ja nur um eine deutsche Zulassung handelt, ist hier das Bundesins-
titut für Arzneimittel und Medizinprodukte, kurz BfArM, zuständig.
Voraussetzung für eine Zulassung sind eine angemessene pharmazeu-
tische Qualität, die therapeutische Wirksamkeit und Unbedenklichkeit
sowie besonders wichtig ein günstiges Nutzen-Risiko-Verhältnis.
International wird das Ganze allerdings etwas schwieriger …

17. Was bin ich? Heiteres Beruferaten

Zimmermann such

Zimmerman sucht frau Zimmerman sucht frau Zimmerman sucht frau Ich habe das holz du hast das werkzeug las un eine beziehunkiste zimmern ich bin 43 J. 175 groß und such dich 30-43 grösse spielt keine rolle kliene zimmermäner auch nicht rubens frauen? wen du dich angsprochen fühlst dan schreib mir BmB 100% zurück.

Preis: FP

---

www.quoka.de

Dieser Mann lebt wirklich seinen Beruf!
Wo gehobelt wird, da fallen Späne, und aus Holz macht man große und kleine Heilige. Muss die Dame denn auch viel Holz vor der Hütt'n haben?

Technikgenie sucht Wortgewaltige

Technisches Genie mit besonderem Interesse für Flugzeuge, an der Börse tätig, über 30 Töchter, unabhängig und offen für fast alles sucht wortgewaltige Kreative für gemeinsame Höhenflüge - nicht zu groß und nicht zu klein, ca. 30 Jahre alt und eine Frau der Tat.

Zuschriften unter ✉☎

Süddeutsche Zeitung

Oh je, der hat schon über 30 Töchter. Da kommt einiges an Arbeit auf die Frau zu.

18. Hinter schwedischen Gardinen

....

Nico, 44J./1,75gr., zurzeit in Haft, sucht natürliche, warmherzige, vorurteilsfreie Partnerin zum Aufbau einer ehrlichen Beziehung.

....

Heim und Welt

Vorurteilsfrei ist toll, aber urteilsfrei wäre natürlich noch besser, oder, Nico?

Blondes Gift
sinnlich und mit romant. Ader, 26 J., z.Zt. leider in Haft, sucht aufgeschl., humorv. und hilfsber. Mann, der keine Vorurteile hat und etwas Freude in meinen Alltag bringt.

www.dhd.de

Sich »blondes Gift« zu nennen ist schon ein bisschen gewagt, wenn man gerade in Haft sitzt und einen neuen Partner sucht.

Rassige
kleine - zierl. Lady, 28 J., witzig und flippig, z.Zt. leider in Haft, sucht einen
feschen, humorv. und bodenständigen Mann, der ein Lächeln in mein Herz
zaubter. ▇▇▇▇ (Direktantworten auf diese private

www.dhd.de

Was genau verstehst du unter flippig?

Und das letzte Wort hat dieser Sträfling:

Ich such eine aufrichtige Partnerin mit eigener Meinung, keine
Ja-Sagerin. Ich bin zur Zeit noch in Haft, normalerweise bin ich
gelernter Tattoowierer. Meine Hobby sind Freeclimbing und Jog-
gen. Was ich garnicht mag ist Fussball und Langeweile :-) Trotz
meiner derzeitigen Haft bin ich zuversichtlich eine entsprechen-
de Frau zu finden und eine Partnerschaft führen zu können, zu-
mal die Entlassung nicht mehr all zu lang dauert.
Meine Vorstellung einer Partnerin sind folgende: Alter 23 - 41,
Wohnort Baden-Württemberg. Sie sollte mit beiden Beinen im
Leben stehen. Das Aussehen ist für mich zweitrangig, es kommt
mir auf die inneren Werte eines Menschen an. Das ist wichtig,
Leider habe ich das in meinem bisherigen Leben mühsam lernen müssen..

www.single.de

Freeclimbing ist wahrscheinlich das heimliche Hobby vieler Insassen.

19. Auf den Punkt gebracht

Warum um den heißen Brei herumschreiben, wenn man doch genau weiß, was man will. Der Verfasser spart sich somit auch die Mühe, später die Spreu vom Weizen trennen zu müssen, da sowieso nur Leute antworten, die mit den klaren Worten etwas anfangen können.

Du kannst Kamin schüren, Semmeln holen und ... bist tolerant, häuslich gepflegt, groß, motor. 70 - 75, Schreib mir! Münchnerin mit Esprit, Stud. vollschlank, kein Sportfreak. k. PV! ✉☎ZS▮

Süddeutsche Zeitung

Das sind wenigstens mal klare Vorgaben.
Die Anzeigenschreiberin versteckt sich nicht hinter netten Floskeln und Schönschreiberei.

Attraktive Münchnerin (41) sucht ihn ohne Schnauzer, ohne sächsischen Dialekt und dessen Kinderwunsch bereits erfüllt wurde. Zuschriften bitte mit Bild u. ✉☎ZS▮

Süddeutsche Zeitung

Schlimmer Dialektrassismus aus der Schickeria-Szene.

Em. Univ.-Prof. fände gern studierte, rauchfreie, körperl. u. geistig agile Dame bis 65 ohne Bio,
Esoterik oder ähnl. Phantasmen, die mit auf Reisen und Wanderungen geht. Raum 7.
ZA████DIE ZEIT, 20079 Hamburg

www.zeit.de

Endlich mal ein Mann, der das Übel beim Namen nennt. Keine Bio- oder
Esoterik-Spinnerinnen bitte! Sie sprechen mir aus der Seele.

Das ist 'ne Kontaktanzeige und das geht so: Du (schlau/schlank/zierlich) liest das, findest die
Anzeige aber auch sowas von toll, dass Du mir (38/112/203, NR), bombastisch gut aussehend
und mörderschlau, das mitteilst. Wir treffen uns 2-3 mal, dann Heirat. Danach Sex.. vorher
nicht. Obwohl... Wegen der Kennerlngeschichte sagen wir, dass wir uns beim
Hochbegabtenseminar in HH trafen. Bitte keine Katzenbesitzerinnen!
orangenhaut@████, ZA ████ Die Zeit, 20079 Hamburg

www.zeit.de

Tolle Mailadresse!

eine wasserstoffblondgefärbte diskoschlampe in
weißen plastikhosen. sie darf höchstens einen iq
von 69 haben und muss den ganzen tag techno hören.
daneben ist ein ausschließliches interesse für
küche, schlafzimmer und putzutensilien erwünscht.
sprechen nur in kurzen sätzen auf konkrete
nachfrage. weitere anweisungen später.

www.ilove.de

Das ist doch mal eine klare Ansage!

Lies und Handle

Suche Philosophen zum Frühstück, einen Gourmant fürs Mittagessen, einen Cyrano de Begerac für die Abendsonne im Erdbeerfeld, einen Robin Hood für den Stadtpark, einen Christoph Columbus für den Alltag und einen König für mein Himmelbett. Wo bist Du? Schick mir dein Portrait, wenn Du über 180 cm bist und zwischen 50 und 60 Lenze zählst

Zuschriften unter ✉☎

Süddeutsche Zeitung

Oh je, das könnte anstrengend werden… Und gesund ist das sicher auch nicht, so viele verschiedene Persönlichkeiten in sich zu vereinen.

20. Seltsam, sehr seltsam

Einige Zeitgenossen suchen etwas ganz Spezielles...
Hier wird nicht das 08/15-Modell gesucht, sondern etwas Einzigartiges.

Das Phänomen Waschlappen:
Was der Waschlappen in Kontaktanzeigen zu suchen hat, hat sich mir noch nicht so ganz erschlossen.
Denn der Waschlappen ist doch ein Synonym für Feigling, Schwächling, Muttersöhnchen, Jammerlappen, Weichling, Pantoffelheld, Schoßkind... Da hilft es irgendwie auch nichts, wenn er dann dynamisch oder wohlriechend ist. Oder habe ich etwas falsch verstanden?

> **V. dyn. Waschlappen** sucht v. **aktive Seife** zwecks manchmaligen gemeinsamen Badens. Zuschriften unter ✉☎ ▓▓▓▓

Süddeutsche Zeitung

Impotenter will's noch einmal versuchen?

Wohlriechender Waschlappen sucht Seife
(Mann) zwecks gem. Bades. ✉☎ZS

Süddeutsche Zeitung

Aber wenn der Waschlappen doch schon wohlriechend ist, warum
dann noch Seife?

Suche: Interesse an Erziehungsfragen...?

Single, 49, groß, schlank, jungenhaft, sucht Dame mit Interesse an Erziehungsfragen, insb. an
traditionall-bewährten häuslichen Erziehungsmethoden;

Gerne die reifere, energische Dame mit gefestigten Erziehungsansichten, die strikte Befürworterin
der konsequent-strengen Handschrift bei der Lösung häuslicher Erziehungsprobleme, oder einfach
die pädagogisch interessierte Dame;

Wohne am Bodensee und bin mobil;

www.dieanzeigen.de

Traditionell bewährte häusliche Erziehungsmethoden und konsequent-
strenge Handschrift? Sind damit die klassische Ohrfeige und das Hin-
ternversohlen gemeint?
Will da jemand seine Aggression gegen Kinder ausleben, oder braucht
er selbst noch etwas Anleitung?
Vielleicht sollte da mal die »Super-Nanny« vorbeischauen.

Partnerschaften & Kontakte » Er sucht Sie

Sexy Damenwäsche

Trage sehr gerne sexy Damenwäsche und su. eine Freundin die das toleriert und mich auch dabei unter stützt. Bin 54/180/74 blaue Augen braune Haare und bisexuel. Du solltest zwischen 40 und 60 J. sein und auch an einer festen Partnerschaft interessiert sein.

www.quoka.de

Welche Frau findet das wohl gut, wenn jemand an ihren Kleiderschrank geht, ihre teuren Dessous und Klamotten trägt und dann noch total ausleiert?

Suche nette Sie mit Hör- oder Sprachfehler

Ich bin auf der Suche nach einer netten Sie mit Hör- oder Sprachfehler.
Würde Dich gerne kennenlernen und vielleicht eine gemeinsame Zukunft aufbauen.

Ich bin 40 Jahre jung, 180 groß und 89 kg leicht. Ich treibe Sport und würde dies auch gerne mit Dir tun. Lust zu schreiben?

Ich warte auf Dich!!!

www.markt.de

Verona Feldbusch, äh Pooth gesucht. Ist natürlich praktisch, wenn man zum Sprachfehler auch noch einen Hörfehler hat – dann muss man sich das wenigstens selbst nicht anhören!

Süddeutsche Zeitung

Dort treffen sich auch Bibi Blocksberg, die kleine Hexe, Hermine Granger, die Hexen von Eastwick, Madame Mim, Sabrina Spellman und die *Charmed*-Schwestern Prue, Piper, Phoebe und Paige.

Süddeutsche Zeitung

Wie Norden, so Süden.
Wie hell, so dunkel.
Wie Yin, so Yang.
Ist das ein Rätsel mit integrierter Schatzkarte?

www.zeit.de

Achtung, Torschlusspanik!

Wer mich haben will..., ...muss hartnäckig sein wie ein Landwirt „denn wer die Wiese düngen will muss wissen, dass es nicht reicht einmal durch den Zaun zu pfurzen„ Zuschriften unter ✉☎ZS ▓▓▓▓

Süddeutsche Zeitung

Wo kommt denn diese Bauernweisheit her? Da kenne ich aber auch ein paar:
Isst der Bauer Stoppelrüben, kommt die Blähung dann in Schüben.
Allzu tief in die Jauche schaun, macht den Bauern sportlich braun.
Lässt der Bauer einen fahren, flieht das Vieh in hellen Scharen.
Kräht der Bauer auf dem Mist, hat sich sein Hahn wohl verpisst.

Karrierefrau, 37, mit xanthippigem Wesen sucht Mann zum Heiraten und Kinder kriegen, Jahreseinkommen nicht unter 500000 Euro. Zuschriften unter ▓▓▓▓▓▓▓▓▓ ZA ▓▓▓ Die Zeit, 20079 Hamburg

www.zeit.de

Wikipedia sagt dazu:
Xanthippe (griechisch) war die Ehefrau des Philosophen Sokrates, die als Inbegriff des zänkischen Weibes in die europäische Literatur eingegangen ist. Ihr Name wird oft sprichwörtlich gebraucht und steht dann für eine übellaunige, streitsüchtige Frau, häufig auf die Partnerschaft bezogen.
Und reich muss der Mann auch noch sein, Minimum schlappe 500.000 Euro im Jahr – na, dann mal viel Glück bei der Suche!

Amadeus oder Tiffany? Juristin, 39 J.
1,64, schlank, humorvoll, sportl.
(Berge, Laufen, Rudern), attraktiv,
sucht Dich im Raum München für ein
tolles, gemeinsames Leben mit Familie. Über den Namen eines gemeinsamen Kindes können wir ja
noch einmal reden. Bild wäre schön.
Zuschriften unter ✉☎ZS

Süddeutsche Zeitung

Wie wäre es denn mit:

Tom Tom
Holgerson
Rosa (als zweiter Vorname für einen Jungen)
Lord
Stone
Micha (als einziger Vorname für einen Jungen)
Sonne
Rosenherz
Heydrich
Simona (für einen Jungen)
Pfefferminze
Borussia
Mechipchamueh
Venus (als zweiter Vorname für einen Jungen)
Schmitz
Omo
Störfried
Lenin
Schnucki
Poopy
Fifi

21. In der Kürze liegt die Würze!

Diese Menschen haben es verstanden, ohne große Umschweife, viel Drumherum oder Geschwafel eine prägnante Anzeige zu formulieren. Kurz und knackig wie in einer Bild-Schlagzeile wird hier um einen Partner gebuhlt.

Papageno sucht Papagena!
Zuschriften an ✉☎ZS �

Süddeutsche Zeitung

Liebe Opernliebhaber, aufgepasst! Um es mit den Worten Mozarts bzw. seines Texters zu sagen:
Der Vogelfänger bin ich ja, stets lustig, heißa, hoppsassa! Ich Vogelfänger bin bekannt. Bei Alt und Jung im ganzen Land.

Geniale süße Texterin (37)
sucht genialen Musiker! ✉☎ZS ▮

Süddeutsche Zeitung

Ohne hier jemandem auf den Schlips treten zu wollen, aber von einer genialen Texterin erwartet man doch ein bisschen mehr!

**PROMINENTE sucht
PROMINENTEN STAR
zum Lieben und Leben.
Zuschriften unter
✉☎ZS**

Süddeutsche Zeitung

Wenn das mal keine neue RTL-Sendung wird!

Chemotechniker 72/178, sollide., sportl., su.
Liebe schlanke Eva für ewig. ✉☎ZS

Süddeutsche Zeitung

Wohl eher Ex-Chemotechniker mit 72, oder wird da im Bombenkeller noch ein wenig herumexperimentiert?

FISCH OHNE FAHRRAD
WILL ALLES ODER NICHTS.

Zuschriften unter ✉☎ZS

Süddeutsche Zeitung

Aber Auto vorhanden und ein großer See vor dem Haus?

> **Jg. Facharzt** (6?) liebt Akademikerin (4?)
> für Familienglück. ZS an ✉☎ZS ▓▓▓

Süddeutsche Zeitung

Der Facharzt schafft es sicher auch noch, dass die Endvierzigerin schwanger wird.

> **Mann mit Haus, 50+ su. Mitbewohnerin f.**
> **Haushalt u. Freizeit. Bmb** ✉☎ZS ▓▓▓

Süddeutsche Zeitung

Freizeit kann man das also auch nennen. Sie wird vor allem in horizontaler Haltung verbracht, und die restliche Zeit wird dann das Haus geputzt.

> **45jähriger Ausländer sucht Sie**
> in München. Zuschr. u. ✉☎AS ▓▓▓

Süddeutsche Zeitung

Was gibt es eigentlich noch mehr zu sagen? Das Wesentliche wurde hier genannt.

**Kerl mit viel Sonne im Herzen
sucht süße, humorvolle Braut.**
Zuschriften an ✉☎ZS▮▮▮▮▮▮

Süddeutsche Zeitung

Da kann man doch nur mit einem Toilettenspruch antworten:
»Hab Sonne im Herzen und Zwiebeln im Bauch, dann kannst du gut
furzen, und Luft hast du auch.«

Er 66, NR+T su. SIE in Mü ✉☎AS▮▮▮▮▮

Süddeutsche Zeitung

Neureicher und Tunichtgut sucht Sie?

Priester, Mitte 50, sucht guten Brieffreund.
Zuschriften unter ✉☎ZS▮▮▮▮▮

Süddeutsche Zeitung

Ja, Priester brauchen in dieser Zeit gute Freunde!!!

Sommerträume ....
ich (51), möchte mich in Dich verlieben.
✉☎ZS▮▮▮▮▮

Süddeutsche Zeitung

Wenn das mal kein Albtraum wird ...

Humorvoller, sportlicher Akademiker sucht frisches, lebensfrohes Madl.
Zuschriften an ✉☎ZS

Süddeutsche Zeitung

Da braucht wohl jemand dringend frischen Wind in seinem Leben.

48-jährige, vielseitige Verkäuferin, ersehnt innige Zweisamkeit!
Kontakt Vermittlung

www.wortanzeigen-kurier.at

Mit anderen Worten: Marktschreierin sucht Anhang.

Was ich suche: |eine Frau, die gut Einparken kann

www.ilove.de

Mission impossible!

Hamburger mit VW-Bus sucht Frau mit Parkplatz; 68, 172, stud. ZA ▮▮▮ DIE ZEIT, 20079 Hamburg

www.zeit.de

Die Parkplatzsituation in den Großstädten spitzt sich wirklich immer weiter zu.

Gut gebildete, attr. Frau (54) sucht Mann m. Haus. Zuschriften unter ✉☎ZS ▮▮▮

Süddeutsche Zeitung

Gefährlich, Mann kann schließlich auch ein Haus nur gemietet haben.

MARIA: "Ich will einfach nur ab und zu einen Mann an meiner Seite", NR, Köln ZA ▮▮▮ DIE ZEIT, 20079 Hamburg

www.zeit.de

Maria, da wirst du sicher bald fündig werden, denn es gibt so viele Männer, die keine Verpflichtungen eingehen wollen …

> **Flasche im Bett (m, 46/184/78 kg)**
> **sucht hübsche versierte Stewardess.**
> **Gemeinsame Zukunft nicht**
> **ausgeschlossen.** ✉☎ZS

Süddeutsche Zeitung

Geniale Strategie: Nur ja nicht zu viel versprechen, Herr Kapitän!

Süddeutsche Zeitung

???? Was will uns der Verfasser damit sagen?
Immerhin erhält man 58 Ergebnisse, wenn man jkdjdjdj bei Google eingibt. Ob das ein Codewort ist?
Und weiter: fährt U-Bahn und S-Bahn, liebt Geld, steht auf kleine und große Kreise, ruf an, bevor du tot bist und unter Pflastersteinen liegst? Oder ist das Kreuz ein Tattoo? Und die Raute soll ein Karo sein, und der Verfasser ist ein begnadeter Pokerspieler?

22. Vater unser

Die Religion scheint heute doch noch eine wichtige Rolle zu spielen. Aber die Kirchengemeinde ist wohl kein passender Ort mehr für die Partnersuche, oder vielleicht ist die Gemeinde auch schon abgegrast… auf jeden Fall stehen Bettschwestern mit christlichen Werten hoch im Kurs.

Heiraten ohne Sex, Ich suche eine christliche Frau 22-29 zum hieraten und für immer zusammen leben Aber ohne Geschlechtsverkehr. Zuschriften unter ✉☎ZS ▮▮▮

Süddeutsche Zeitung

Ist das nicht auch Sünde, so ganz ohne Beischlaf?

45-jähr., NR, lebensfroh, ohne ‚Altlasten, kath. (immer noch! oft mit Stirnrunzeln über das "Bodenpersonal"), bodenständig, trotz (wegen?) meines bayer. Dialektes promov., sucht Dich mit Herz & Verstand, Stil & Niveau für immer. PLZ 93/94 wär' gut. Post bitte an ZA ▮▮▮ DIE ZEIT, 20079 Hamburg

www.zeit.de

Ja, über das Bodenpersonal kann man wirklich manchmal nur den Kopf schütteln.

....

Liebe, theokratische, schlanke Schwester
ab 50J., gerne vom Lande, von
alleinstehendem, theokratischen Rentner
mit Haus und Auto von Herzen gesucht,
um in Liebe und Harmonie vereint Jehova
dienen zu önnen. Als weltweite
Bruderschaft gerne a. eine lb. Schwester
v. anderem Lande. Zuschriften unter
Chiffre: ▓▓▓▓▓▓

....

Heim und Welt

Ja, wir sind in der religiösen Ecke angelangt.
Und auch die Zeugen Jehovas sind auf der Suche nach festen Part-
nern, die ihnen dann dabei helfen können, an Bahnhöfen den Wach-
turm unter die Leute zu bringen und an Haustüren Mitmenschen zu
beschwatzen.

Katholische Frau gesucht!
Sehr attraktiver, liebensw. junger Münchner (36 J/Akademiker/180cm/NR/schlank)
sucht ebenso kath. Frau mit Herzensbil-
dung ohne Kinder u. Altlasten. BmB Zuschriften unter ✉☎ZS▓▓▓▓

Süddeutsche Zeitung

Die eigene Kirchengemeinde scheint schon erfolglos durchforstet worden zu sein und die Nachbargemeinde wohl auch! Dann muss die christliche Nächstenliebe eben auf den Rest der Stadt ausgeweitet werden.

Katholik 49, 1,82 groß, sucht...

Hallo liebe Unbekannte

Nimm Dir mal 2 Minuten Zeit die vielleicht Dein und auch mein Leben ändern können:

Nach einer großen Enttäuschung in meinem Leben kuschle ich nur noch mit meinem Teddy. Der Teddy ist ganz lieb aber so richtig glücklich bin ich nicht mit ihm.

Ich kann zwar mit ihm fern sehen, ich kann ihn auch vollplappern, aber es kommt nie ein Wort zurück, naja und bevor es noch so weit kommt das ich mit ihm in die Stadt gehe, essen gehe oder ihn auf eine Radtour mit nehme habe ich mir gedacht ich versuche mal hier:

Ich bin 49 Jahre alt, 1,82 m groß und vom Sternzeichen ein Stier. Sternzeichen bedeuten mir wenig, ich bin streng katholisch, mein Sohn ist Ministrant und ich suche ebenfalls eine Katholikin.

www.markt.de

11. Gebot: Du sollst keine Teddys ehren.
Ein erwachsener Mann, der mit einem Teddy redet, macht mir schon ein bisschen Angst. Da hat die Einsamkeit überirdische Dimensionen angenommen.

23. Spontanhochzeit?

In dieser Rubrik geht es nicht einfach nur um eine potenzielle Heirat, sondern um die Sofort-, Jetzt-, Hier-, Schnell-, Ruckzuck-, Blitzheirat. Nach dem Motto: nicht lange fackeln, sondern gleich Nägel mit Köpfen machen.
Man lernt sich ja während der Ehe dann noch gut genug kennen!

Partnerschaften & Kontakte » Sie sucht Ihn

Spontane Hochzeit !!!

Hallo hallo hallo.! Wer ist auf der su. nach einer Frau, die hübsch und seriös ist? Wer ist bereit spontan zu heiraten, sagen wir Ende April bzw. erste Woche im Mai? (Ich muss dringend heiraten, ganz wichtige familiere Gründe) Ich heisse Yanina, bin dreißig J. und komme aus der Ukraine. Ich bin ausgebildet, seriös, treu, ehrlich, nett; sprache mehrere Sprachen. Ich su. Niemanden mit großen wirtschaftlichen Sicherheit, aber du sollst nicht ein Alfons sein. Ich su. einen Mann, der wirklich meine Gefühle schätzen kann, und mich lieben wie sein eigenes Leben! Wenn du ernst, intelligent, vernünftig, freigebig, katholisch (ganz wichtig), NR bist. Wenn du einen gt. Job und ein Haus hast. Wenn du der Meinung bist reif genug zu sein um eine Familie zu gründen, dann schreibe mir bitte mit Foto! Ich werde für dich einen süße und treue Ehefrau und gt. Mutter für unsere Kinder sein! P.S.geschiedene und getrennte bitte nicht stören!

www.quoka.de

Puhh, das ist wirklich sehr, sehr spontan! Vor allem, da die Anzeige erst am 13. April erschienen ist. Und dann gleich zwei Wochen später heiraten und den lieben Nachwuchs auch schon planen! Das ist mal ein echt straffer Zeitplan!

Suche Frau zur (Sofort)Heirat

Ich suche eine Frau zur Heirat.

Sie sollte nicht älter als 30 Jahre alt sein.

Alles weitere per Mail

www.markt.de

Spontanhochzeit! Wer hat Zeit und Lust?

hüüülfe

huhu duhu...

suche für anfang juni dieses jahres eine nette frau die lust hat, mir auf einer hochzeit als "partnerin" beizustehen. natürlich ned als braut!!! *gg*

hab einfach keine lust, mich alleine zwischen den ganzen paaren zu tummeln und momentan auch keine zeit und muse für ne beziehung.

diese anzeige dient nur zur "vekupplungsabwehr" auf dieser gesellschaft.

also, wer lust hat einen kostenfreien (UND UNVERBINDLICHEN!!!)abend zu geniessen und ein bisserl schauspielerisch begabt ist... plz MELDEN!!! :-)

bin 33 jahre alt, blond, blauäugig und 180 cm groß und hab um die 90 kg

www.markt.de

In dieser Situation war wohl schon jeder: Die lieben Freunde wollen einen unbedingt verkuppeln, und man selbst hat echt keinen Bock! Hier trifft jemand perfekte Vorkehrungen genau dagegen.

24. Tick! Tack! Die biologische Uhr

Ja, auch bei Männern tickt die biologische Uhr, vielleicht sogar lauter als bei Frauen.

Beim Thema Fruchtbarkeit galt bisher als bekannt, dass bei Frauen die biologische Uhr tickt. Männer waren immer davon ausgenommen, doch dies ändert sich jetzt.

Früher wurde angenommen, dass Männer bis ins hohe Alter Nachwuchs zeugen können, dass die Fruchtbarkeit, solange sie noch »können«, noch nicht gelitten hat.

Mehrere Studien haben jetzt aber nachgewiesen, dass die biologische Uhr auch bei Männern tickt.

Bei einer Frau gilt eine Schwangerschaft ab dem Alter von 35 Jahren als Risikoschwangerschaft, und ab 35 nimmt auch die Fruchtbarkeit von Männern ab. Laut Studien aus den USA und Israel steigt das Gesundheitsrisiko eines Kindes nicht nur mit dem Alter der Mutter, sondern auch mit dem Alter des Vaters enorm.

Und was sagt uns das? Tja, meine Herren, nur weil ihr bis ins hohe Alter könnt (notfalls mit den kleinen blauen Pillchen), heißt das nicht, dass eure kleinen Jungs noch fit sind!

nachwuchs zeugen-suche sie bis ca. 35 die lust dazu hat

suche eine frau die gerne schnell und real schwanger würde.du solltest sehr gepflegt, eher der schlanke typ,aufnahmebereit sein und aufgeschlossen sein.bin selbst ende vierzig, wills absolut wissen, bisher kinderlos und suche real.bei interesse melde dich mit infos, vorstellungen.ich suche eien frau die nicht jahrelang planen will sondern fakten schafft.

www.markt.de

Für was genau aufnahmebereit?
Und was passiert dann nach dem Zeugen?

Biete Unterhalt gegen Schwängerung -Bzhg.möglich

Ich will unbedingt ein Kind zeugen ohne große Worte vorher.Wenn Du keine Beziehung willst biete ich dafür Unterhalt.Du solltest schlank, rasiert sein,die Zeugung sollte in der Doggy Stellung v. hinten vorgenommen werden.

Bin selbst in den vierzigern, braunhaarig, sehr gepflegt, diskret, gesund, gute Gene,fruchtbar.Sex nach Eisprungkalender oder täglich.Bei Interesse melde dich mit infos.gerne Ausländerin.

-> Beziehung möglich aber kein muss.

www.markt.de

Vielleicht ist das ja auch nur ein gemeiner Trick, und der ist unfruchtbar und will mal wieder ungeschützt von hinten.

Laß uns Nägel mit Köpfen machen !!!

Ganz einfach. Ich stelle mir vor, daß wir uns noch diesen Monat treffen.
Dann wenn wir uns gefallen in zwei Monaten die Frage mit dem Bett
klären. Und am Ende hätte ich es gerne gesehen, daß du nächstes Jahr
im Januar bis April von mir schwanger wirst. Dazu suche ich als Mann
von 43 eine nette Frau bis 37 Jahren. Ohne Anhang und ohne Altlasten.
Ist das möglich? Wenn Ja dan schick gleich mal deine Festnetznummer
mit.

www.markt.de

Was ist nur mit den Männern los? Diese Uhr tickt ja noch lauter als bei
Frauen.
Da wäre als Vorabgeschenk ein Terminkalender wirklich hilfreich!

Partnerschaften & Kontakte » Er sucht Sie

Nägel mit Köpfen machen

Nach dem Traum von Heute Nacht, kam mir heute die Idee. Bist du bereit mal
Nägel mit Köpfen zu machen? 1. Treffen noch diesen Mon. 2. erste Bettversuche
in 1-2 Monaten 3. Schwangerschaft von dir beginnend im Januar bis April 2011.
Möchte meine Mutter dann bei ihrem Geburtstag 2011 sagen, daß sie endlich Enkel
bekommt. Am besten die schwangere Freundin vorstellen. Dieses Angebot gilt nur
für Frauen bis 35 J. Ohne Anhang und ohne Altlasten.

www.quoka.de

Topangebot!
Eine andere sehr ähnliche Anzeige. Schreiben die vielleicht voneinan-
der ab? Oder lassen sich die Herren der Schöpfung von anderen Anzei-
gen inspirieren und stellen dabei fest: Ja, das will ich auch!
Gibt es vor der Schwangerschaft kein Interesse daran, der Mutter die
Freundin vorzustellen?

Geschäftsbeziehung

Rubrik: Kontakte Er sucht Sie
Preis: kostenlos
Hallo,
Ich komme aus ▓▓▓▓▓▓▓▓ bin 39 Jahre alt, 188cm groß, schlank, ohne Bart,
mit braunen Haaren und einer sanften Zunge. Da ich - wie Du - auf der Suche nach
einer Geschäftsbeziehung bin, möchte ich Dir die AGB nicht vorenthalten.
AGB:
1.Ohne Risiko kein Gewinn...
2.Es geht hier nicht um eine Brieffreundschaft oder Beziehung.
3.Nach einer eher kurzen Mail-Phase folgt eine Schnupperzeit am Telefon. Bei
beidseitigem Einverständniss wird ein zeitnahes Treffen vereinbart.
4.Der Rechtsweg ist ausgeschlossen.
5.Der Gewinn kann nicht in bar ausgezahlt werden. Nach dem Öffnen der
Verpackung ist der Umtausch ausgeschlossen.
6.Sollte diese Geschäftsbeziehung für einen von uns unvorteilhaft ausfallen ist eine
Beendigung jederzeit möglich.
7.Es fallen zu keinem Zeitpunkt und von keier der beteiligten Parteien Kosten an
bzw. es werden keine geltend gemacht.
8.Du kannst gerne gebunden sein, wie ich auch.
9.Du mußt über Tagesfreizeit verfügen.
10.Ein Hotel kann organisiert werden.
11.Zärtliche Hände und eine Massage werden garantiert.
Was meinst Du dazu?
Liebe Grüße
Gerd

www.prima.de

Lieber Gerd, bei solch unwiderstehlichen AGBs werden die Frauen wohl Schlange stehen. Das sind doch ganz gewöhnliche Puff-AGBs, nur gibt's kein Geld, oder? Die Allgemeinen Geschäftsbedingungen also noch einmal näher untersucht:
1. Ob es ein Gewinn ist, muss sich erst rausstellen.
2. Es geht hier also um eine rein platonische Freundschaft.
3. Eine Mail, ein Telefonat, und zack in die Kiste.
4. Anspruch kann also nicht eingeklagt werden.
5. Hm, das ist schwer, nach dem Öffnen nicht umtauschen.
   Was ist, wenn die Verpackung nicht hält, was sie verspricht?
6. Also doch ein Rückgaberecht!
7. Und wer zahlt das Hotel?

8. Zweitbeziehung ist okay.
9. Hausfrau oder Arbeitslose.
10. Siehe 7.
11. Es werden nur zärtliche Hände und eine Massage garantiert –
    sonst nichts.

Babybomm-Samenspender bietet an./ ▓▓▓▓▓▓

▓▓▓▓▓▓

Homepage des Anbieters
Rubrik: Kontakte Professionell
Preis: VB3000€
Hallo biete mich als Samenspender an, bin 31 alt, , 185cm, 70kg, Sportl.Schlank ,
gesund und suche im GrUßraum, Wattenscheid, Essen, Herne, Hattigen,
Dortmund, Hagen, Mühlheim, Oberhausen, Dusibrung, Bochum, Bottrop,
Gelsenkrichen, einen Junge Frau/ Paar mit Babywunsch.Gerne beteiligen ich mich
auf Wunsch an der Elternschaft eine Beziehung suche ich aber nicht Freu mich
auf Zuschrifften mit Bilde Diskret , ▓▓▓▓▓MEINE NR-TL: ▓▓▓▓▓▓
ODER ▓▓▓▓▓MELDEN

---

www.prima.de

Aktion Samen für Dusibrung!

Samenspender

▓▓▓▓▓▓
Rubrik: Kontakte Er sucht Sie
Würde gerne helfen Ich bin ein 49 jähriger Akademiker mit Abitur und
Universitätsstudium. Habe keinerlei Erkrankungen oder Erbkrankheiten, keine
Brille, keine Glatze, sportliches Aussehen, 183cm/ 83kg. Bin lieb, ausgeglichen,
gutmütig und habe keine finanziellen Interessen. Raum Ostalbkreis / Stuttgart /
Göppingen. Bei Interesse / Fragen einfach mailen. ▓▓▓▓▓▓

---

www.prima.de

Wie wäre es denn mit einer Samenbank? Oder möchte da jemand doch
auch ein wenig Spaß an der Sache haben?

25. Die Optik macht's

REIFER.HÄßLICH M.SUCHT JUNGE SCHÖNE FRAU

hallo junge,schöne frau.ich suche dich zum verlieben,feste beziehung.wenn du grenzenloss liebe suchst.melde dich.mein liebe volle herz wartet auf dich.ich vermisse 3 schöne worte(sagen und hören):

www.markt.de

Sind das die drei Worte, die du vermisst? Sagen und hören?

Mann mit Bauch sucht Frau ohne!

berufstätiger Singlemann mit kleinem Bauchansatz, trotzdem attraktiv, dazu noch humorvoll, zärtlich, ehrlich, treu, gepflegt mit vollem Haar und ohne Bart, NR, 50 Jahre jung geblieben und jünger aussehend, 170 cm groß mit 78 kg, sucht auf diesem Wege seine jüngere Traumfrau um das Leben zukünftig gemeinsam zu genießen. Wo ist die jung gebliebene Frau, die das Alleinsein satt hat und sich auch eine feste, schöne und harmonische Beziehung wünscht?

www.markt.de

Es reicht wirklich, wenn einer dick ist in der Beziehung.

Weder Model noch Monster gesucht

Ich, Steffi, 24/175/65, ehrlich, sportlich, für jeden Spaß zu haben und aktiv
in jeder Hinsicht, sucht Dich, 20-40 Jahre alt, sympathisch und
humorvoller Mann, weder Modell noch Monster.
Steffi

www.markt.de

Wunderbare Umschreibung für einen normalen Typen!
Aber, Steffi, da gibt es doch noch einiges zwischen Model und Mons-
ter ...
Ich habe für dich hier mal eine Bewertungsskala erstellt:

Topmodel	vorzeigbar
Model	passabel
sehr attraktiv	gepflegtes Erscheinungsbild
supersexy	gut erhalten
Gelegenheitsmodel	noch ganz passabel
attraktiv	durchaus vorzeigbar
sexy	nicht hässlich
durchtrainiert	sympathisches Erscheinungsbild
schlank	durchaus ansehnlich
gut aussehend	nicht unansehnlich
gut gebaut	tageslichttauglich
äußerst attraktiv	Monster

26. Für dich soll's rote Rosen regnen

Wer möchte mit mir die Stufen zum Eifelturm zählen
Hallo, ich heiße Ralf, bin 35 Jahre jung und wohen im LK
Ich suche eine Frau die spontan, lustig und gern auf Reisen
geht. Magts du auch gerne mit Hunden spazieren gehen, dann
hätten wir vielleicht schon eine Basis. Ich würde mich über
Antworten freuen.

www.markt.de

Das mit dem Eiffelturm und den Stufen sollte man sich vorher gut
überlegen. Denn der Eiffelturm verfügt über insgesamt drei Etagen
mit Aussichtsplattformen, die man entweder über Treppen oder einen
Fahrstuhl erreichen kann. Die Treppen sind eher etwas für Sportliche,
denn bis zur dritten Etage sind es immerhin schlappe 1650 Stufen!

❤ ❤ **Mein Herz ist wie die Sonne** ❤ ❤

Sinnlich schöne Witwe 60 J., NR, VITAL, alleine, ohne Anhang, sehr Naturverbunden, tierlieb, häuslich, herzlich, fürsorglich, beste Köchin und Haushälterin!
Möchte mein Leben mit einen gemütl.-liebevollen, gut situiert., älteren Senior
od. Witwer teilen, der mir Wärme und Geborgenheit für ein glückliches, sorgenfreies, harmonisches Leben gibt. Zu zweit wieder alles Schöne erleben und genießen. Füreinander <u>Da</u> sein, in Freud und Leid! Glück ist, einen ehrlichen, lie-
bevollen Menschen zu finden auf den man sich verlassen kann! Bitte nur seriöse
Briefe unter ✉☎ZS   an Süddeutsche Zeitung

Süddeutsche Zeitung

Wo ist denn Da?

27. Agenturen – die Goldesel

Es ist mir ein Rätsel, wie so viele wohlhabende, faszinierende, strahlen-de, geheimnisvolle, interessante, unkomplizierte und attraktive Pracht-exemplare unentdeckt durch Deutschland streifen können!
Diese Personen machen es sich oft sehr einfach, denn sie zahlen dafür, dass man ihnen mögliche Partner vorschlägt und vermittelt. Oder für sie die Zuschriften sortiert, »die Guten ins Töpfchen, die Schlechten ins Kröpfchen«. Die Sprache der Anzeigen zeigt sofort, dass hier nicht je-mand sich selbst beschreibt, sondern dass Vermittlungsprofis über ih-ren Klienten schreiben, den sie natürlich so gut wie möglich aussehen lassen wollen.

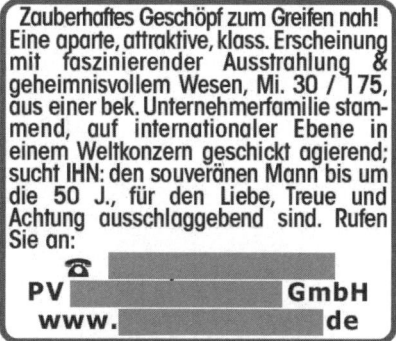

Süddeutsche Zeitung

Wer's glaubt …

Mit einem Bein in KANADA !
UNTERNEHMER im 'Unruhestand', ein
charismatischer (Welt-)Mann in den
schönen 'Sechzigern', 1.87 m, mit starker,
aber feinfühliger Persönlichkeit, Humor &
Optimismus; sich stets seiner sozialen
Verantwortung bewusst. Ein Mann der lei-
sen Töne, mit Humor & Optimismus.
Genießen Sie mit IHM die viels.
Unternehmungen oder seine herrliche
Ranch in Kanada. Sein zukünftiges
Augenmerk gilt einer harmonischen
Partnerschaft – einer warmherzigen Frau,
ebenf. mit gehobenem Lebensstil.
☎
PV   GmbH
www.   de

Süddeutsche Zeitung

Selbst würde man doch niemals so dick auftragen.

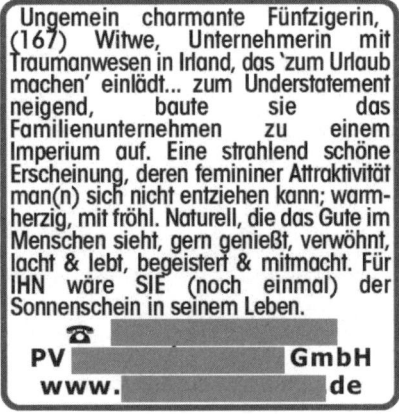

Ungemein charmante Fünfzigerin,
(167) Witwe, Unternehmerin mit
Traumanwesen in Irland, das 'zum Urlaub
machen' einlädt... zum Understatement
neigend,   baute   sie   das
Familienunternehmen   zu   einem
Imperium auf. Eine strahlend schöne
Erscheinung, deren femininer Attraktivität
man(n) sich nicht entziehen kann; warm-
herzig, mit fröhl. Naturell, die das Gute im
Menschen sieht, gern genießt, verwöhnt,
lacht & lebt, begeistert & mitmacht. Für
IHN wäre SIE (noch einmal) der
Sonnenschein in seinem Leben.
☎
PV   GmbH
www.   de

Süddeutsche Zeitung

Wirklich extremes Understatement!

Aber es kommt noch dicker:

Eine Frau mit Herz, ungemein charmante 'Sechzigerin' (170), führte ein sehr florierendes Unternehmen, wo sie ihr Faible für Sprachen auslebte, bereiste die Welt von Asien, Grönland bis in die Antarktis... mag Jazz, Klassik... spielt Golf, schätzt einen romantischen Abend zu zweit bei einem Glas Wein & weiß, dass Liebe durch den Magen geht. Eine fröhliche, gern lachende, warmherzige Frau von zeitloser Attraktivität... für die Liebe & Glück nicht altersabh. sind, die trotz herrl. Villa mit Pool nicht ortgeb. ist, oder ER könnte auch zu ihr ziehen. Fassen Sie sich ein Herz!

☎

PV ███████ GmbH
www.████████ de

Süddeutsche Zeitung

Fassen Sie sich ein Herz!!!

TOP-Mann - Großindustrieller, 39 / 186 aus einer ü.Generationen bestehenden Unternehmerfam. stammend, mit eig. Gestüt & herrlicher Yacht... ein interessanter Mann von Smoking bis Naturbursche, berufl. non stop auf Erfolgskurs - sucht SIE: die natürliche Schönheit mit Witz & Humor, 'Köpfchen' und Selbstbewußtsein. Diesem Mann begegnen Sie nie in Internet-Datenbanken oder per Zufall!

☎

PV ███████ GmbH
www.████████ de

Süddeutsche Zeitung

Nein, diesem Mann begegnen Sie nur hier. Und er hält natürlich auch, was da versprochen wird …

"Rezeptfrei"

Flotter, jugendl. selbst. Internist, 43/185, eis symp ." Frauenschwarm" mit jungehaftem
Charme u. Esprit, möchte sich verlieben. Seine wachen Augen blitzen durch eine schicke
Brille, er legt Wert auf ein edles klassisches Outfit. Bei seinen Patienten u. seinem Team ist er
sehr beliebt, sein Erfolg ist ihm nie zu Kopf gestiegen. Er liebt Segeln, Surfen, Fitness, Ski,
Städtetouren, Sylt, Toskana, Musik u. träumt von einer echten Liebesbeziehung, in der
Zärtlichkeit, Romantik, Harmonie u. Vertrauen nicht zu kurz kommen.

▬▬▬▬▬▬ Partnervermittlung

www.zeit.de

Vielleicht sollten Sie doch mal Ihren Arzt wechseln …

Verlieben garantiert!

Hübsche Dipl.-BWL, 28/180, skandinavischen Typs, die jeden Modejournal schmücken
könnte. Eine junge, lebendige Frau mit klugem Kopf u. freundl., natürl. Wesen, lachenden
Augen, die keinen "Malkasten" braucht, um gut auszusehen, sehr warmherzig, feinfühlig,
immer fröhlich u. gut gelaunt, voller Lebensfreude, die auch mal ein wenig "verrückt" sein
kann. Sie liebt Sport, Tanz, klassische Musik, Reisen, italienische Sprache u. Küche. Ein
kluger, weltoffener Mann, 30-40, mit guten Umgangsformen, sportlich u. musisch
ambitioniert, könnte ihr Herz im Sturm erobern, um später ein "erfolgr.
Familienunternehmen"zu gründen.

▬▬▬▬▬▬ Partnervermittlung

www.zeit.de

Wie die Überschrift schon sagt … Verlieben natürlich garantiert!

Schöne WITWE 52/ 165, Diese
bildschöne,   dunkelhaarige   hochvermög.
SIE (Millionenerbin), liebt Kunst, Kultur,
Natur, Golf, usw. Welcher entspannte, Herr
(52-65), sucht **ernsthaft**!! eine   aparte,
nievauv. SIE, südländ. Typ. Ihr Anruf
gebührenfr.   an: ████████████.
████████████████████

Süddeutsche Zeitung

Wer ist bei einer Millionenerbin nicht entspannt?

28. Zufallsbegegnungen

Da hat man sich schon gefunden oder es zumindest geglaubt, und schon verliert man sich wieder aus den Augen.

Der Bahnhof, oder besser gesagt, der Zug, scheint ein Ort zu sein, an dem man sich durchaus kennenlernen kann, wohl aber keine Kontaktdaten ausgetauscht werden.

Ist natürlich auch peinlich, wenn das ganze Großabteil die Flirtversuche mitbekommt und womöglich noch kommentiert. Auch ist es nahezu unmöglich, sich unauffällig zurückzuziehen, wenn es nicht geklappt haben sollte.

Auf Platz zwei kommt gleich nach dem Bahnhof das Auto an der Ampel.

Bahnfahrt Fulda/Hildesheim, OSTERMONTAG
Lieber Frankfurter, melden Sie sich bitte, falls Sie Freiburgerin gern wieder sehen möchten.
ZA ▮▮▮▮ DIE ZEIT, 20079 Hamburg

---

www.zeit.de

Hoffentlich liest er *Die Zeit*.

ICE Berlin-Kassel
Wg 1: Sitzplatz 18 sucht Sitzplatz 16 vom
17.04. Wie war die Kommunion? Zuschriften unter ✉☎ZS▇▇▇▇ an SZ

Süddeutsche Zeitung

Wie soll die Kommunion schon gewesen sein? Wie jedes Familien-
event! Der Anzug von Papa passt nicht mehr, die große Schwester
blockiert das Bad, die Oma hat ihre Brille vergessen, die kleine Cousine
fängt mitten in der Predigt an zu schreien, der Pfarrer hört nicht mehr
auf zu reden, im Restaurant dauert es ewig, bis das Essen kommt, Opa
erzählt wieder vom Krieg, irgendwann fängt ein Familienstreit an, und
am Ende ist jeder froh, dass man sich erst zu Opas 80. Geburtstag in
drei Jahren wiedersehen muss.

****ACHTUNG***E-HBF 9 April ca.18.30***

Ich W dkl.bl.Haare-weiße Jeans,rose Pulli,weiße Jacke stand AM
BLAUEN HOCKER um ca.18.30 Uhr am Bahngleis richtung Rathaus
Essen-ich stieg dann in die 106 ein & schaute mich noch um....tja doch
es war zu spät!

Du warst M & dkl.bl.bis braune krz.Haare,hübsch ca.23 J & hast Dich
EXTRA zu mir am anderen BL.HOCKER gestellt-doch Deine Alki Fahne
schreckte mich ab!!!

Naja wenns WIRKL.so sein soll dann liest DU es ja!!!?

& meldest dich hoffentl.trotzdem!!!;)

www.markt.de

Die Alkoholfahne hat sie also abgeschreckt – aber der junge Mann hat,
obwohl er alkoholisiert war, einen bleibenden Eindruck hinterlassen.
Respekt!

BITTE MELDEN !!!!!

Wo ist die blonde junge Frau, die am 17.12.2009 mit der S-4 aus
Richtung Donnersbergerbrücke kommend um ca. 22.30 nach Gronsdorf
fuhr ????

Sie saß in der S-Bahn schräg gegenüber von mir.

Ich hatte eine weiße Skijacke an.

BITTE MELDEN !!!!!!

www.markt.de

Jetzt mal ganz ehrlich, wer merkt sich schon, wer einem tagtäglich in
der S-Bahn, U-Bahn, im Zug, in der Straßenbahn oder im Bus gegen-
übersitzt? Und dann noch ganz unspektakulär in Weiß! Das wird wohl
schwierig werden.

Wanted! Zuletzt gesehen im Zug von Rosenheim nach München HBF

Hallo, hab dich im Zug von Rosenheim nach München gesehen!

Tatort: Fahrrad-,Kinderwagen-, Rollstuhl- Abteil, Tatzeit: ca. 10.00 Uhr!

Du, dunkelblond mit grüner Jacke, hellem Mc Kinley-Rucksack, Trekking-
Stiefeln + Handy (hast mehrmals telefoniert), ich: in Rosenheim
zugestiegen, mit erwachsener Tochter, Koffer+ Rucksack in hellblauer
Skijacke, saß schräg gegenüber, auch mit Handy (Musik im Ohr)

Ab und zu Blickkontakt, Sympatie? Mehr?

MeineTochter meinte in München: "der wär doch was gewesen für dich?!

7. Sinn???

www.markt.de

Vielleicht war das dauernde Telefonieren auch nur vorgetäuscht, um
nicht angesprochen zu werden?

Sauna-Bekanntschaft Therme Bad Wörishofen

Hallo Unbekannter!

Wir trafen uns am Samstag, 3.4.2010 nachmittags in der Sauna und haben uns später vor den Toiletten kurz unterhalten. Zum Abschied hast du mir im Außenbecken zugewunken. Du kommst aus der Nähe von Augsburg, warst mit Freunden da, bist schätzungsweise 23-26 Jahre alt, ca. 1,80m groß, dunkle kurze Haare, sportliche Figur.

Wer bist du? Ich muss dich kennen lernen!

www.markt.de

Das ist natürlich praktisch. In der Sauna sieht man den jeweils anderen ohne schmeichelnde Farbe im Gesicht oder kaschierende Kleider – da weiß man gleich, was man kriegt!

Hallo Friedel (Mü. Schwabing)!
Erlebten schönes Sommerwochenende in
München, Biergarten, Partnachklamm.
Würde dich gerne wiedersehen. Habe
keine Altlasten mehr. ✉ZS █████

Süddeutsche Zeitung

Ein ganzes Wochenende zusammen verbringen und dann keine Handynummern austauschen – das ist kaum zu glauben in der heutigen Zeit.

Aber sie will dir, lieber Friedel, damit sagen, dass sie sich endlich von ihrem Freund getrennt hat, die Kinder zur Oma und den Hund ins Tierheim abgeschoben hat und jetzt auf DICH wartet!

Ostersonntag im Menschenaffenhaus in der Wilhelma:

Borneo-Reisender am Traurigen-Orang-Utan-Fenster, ich würde mich gern so viel länger mit Dir unterhalten, nur hatte meine kleine Tochter grade eine Eisbude entdeckt und war schon mal weg...Ich habe Dir dann noch ███████████ auf den Eisstiel geschrieben, und hoffe, Du findest ihn! Nele aus Berlin im giftgrünen Anorak

www.markt.de

Ob der klebende Eisstil nicht eher im nächsten Mülleimer gelandet ist? Ist zwar vielleicht eine kreative Idee, aber nicht sehr sicher.

Suche dich (w)

Hallo,

ich habe mit Dir die letzten beiden Samstagabende in einer Bar vebracht, würde Dich gerne wiedersehen....

www.markt.de

In welcher Bar? Der Name einer Stadt wäre da vielleicht noch ganz hilfreich!
Und wenn die Dame weiß, in welcher Bar sie dich suchen und finden kann, dann hätte sie bei Interesse bestimmt schon vorbeigeschaut.

▮-FM12

den Fahrer des VW Beatle mit dem Kennzeichen ▮-FM12.

www.markt.de

Geht es da um einen Unfall, oder ist der/die Fahrer/-in interessant?

DU-HU....roter Kleinwagen

Gestern am 27.3. stand ich an der Auffahrt zur A42 DU-Beeck Richtung Kamp-Lintfort.Neben mir stand ein roter Kleinwagen mit Dir,eine wunderschöne Frau mit langen dunklen Haaren und Brille.Ich saß mit einem Kollegen im großen Transporter.Wir hatten uns zugelächelt und zugewunken.Muss dich unbedingt Wiedersehen

www.markt.de

Für solche Fälle sollte man immer ein großes Pappschild mit seiner Telefonnummer und E-Mail-Adresse im Auto mit sich führen.

Suche Carmen S▮▮▮, zuletzt gesehen 82!
Ruf doch mal an, B▮▮▮▮▮▮▮

Süddeutsche Zeitung

Wie wär's mit Telefonbuch? Oder was ist mit Xing, Facebook und Wer-kennt-wen? Die sozialen Netzwerke boomen und machen auch vor älteren Semestern nicht halt!

Blondine MiniCooper
Ludwigstr.Ubahnstation!!!

Habe mir diese Woche mein Mittageßen bei der Ubahn geholt und DiICH
(lange Blonde Haare) in Deinem hellen MINICOOPER in der
Ludwigstr. stadteinwärts gesehen.

Da die Ampel gerade auf rot geschaltet war, hast du auf meine Seit
geschaute und hast mir (schwarzer Pulli, Jeans)zugewunken.

Konnte dich nicht wegen der Sonne nicht ganz genau erkennen, obwohl
du auch Deine Sonnenbrille abgenommen hattest, leider wurde Die
Ampel zu schnell grün.

Wenn du das liest, melde Dich doch bitte. Würde mich sehr freuen.

LG Robert

www.markt.de

Der Robert würde die Minifahrerin also gerne noch mal ohne Sonne sehen und dann alles Weitere entscheiden.

A-Capella-Konzert am 24.04. in Treysa

In der Pause des Konzertes in der Kirche in Treysa-Hephata hatte ich
dich (blond, Jeans, olivgrünes T-Shirt) nach der Toilette gefragt und
anschließend hatten wir uns vor der Kirche kurz unterhalten. Ich würde
mich freuen, wenn wir die Unterhaltung fortsetzen könnten. Email-
Kontakt: ████████████████

www.markt.de

Das wäre dann Liebe auf den dritten Blick.

Suche schöne Unbekannte - 23.04.
Restaurant San Marco in ███████

Hallo schöne Unbekannte!

Du (dunkle, halblange Harre und Brille mit dunklem Rand) warst am 23.04. abends mit männlicher Begleitung im Restaurant San Marco in ███████ und hattest eine Pizza. Du hast öfter zu mir rübergesehen und hast Dich beim Verlassen nochmal zu mir umgedreht. Würde mich freuen, wenn Du Dich meldest!

www.markt.de

Hm, vielleicht hat sie dich auch nur angesehen, weil du einen wahnsinnspeinlichen Fleck auf dem Hemd hattest.
Hoffentlich liest das nicht ihr Mann.

Montag, den 19.
In einer kleinen Bäckerei in Essen-Ü.
Du, blond mit süßer Brille, Kaffee-trinkend.
Ich, kurze braune Haare, Brot-kaufend.
Diese Augen-Blicke..............
Unvergessen.................

www.markt.de

Und seitdem wird nur noch in dieser Bäckerei zu jeder Tageszeit Brot gekauft, Kaffee getrunken, süße Teilchen für zwischendurch organisiert, Brezen gekauft ...

Junggesellenabschied am 10.04.2010 abends im Speicher

Hi,

ich suche ████, welche 33 Jahre alt ist und am Samstag abend mit Ihrer Freundin ████ im Speicher war.

Katja hatte an dem abend ein weisses T_shirt an und hat dunkelblonde Haare.

Wir haben dort einen Junggesellenabschied gefeiert und haben uns den abend über unterhalten, bis Ihr dann gegangen seid.

Ich kam aus Hamburg , hoffe jetzt auf diesem Wege das irgendjemand Sie kennt und Sie sich dann meldet.

Viele Grüsse ████████

www.markt.de

Dass bei einem Junggesellenabschied ein Kontakt entsteht, ist beacht-lich. Meist sind die Jungs doch so betrunken und die Spiele so schlecht, dass man sich später nur noch schämen kann.

P&C, Essen 10.04.2010 gegen 14:00 Uhr.

Du, ca. 175cm groß, rötlich/braunes Haar, hast mehrere Kleider für die Hochzeit von Beni anprobiert und konntest dich nicht zwischen dem braunen, dem grün/türkis und dem dunkel blauen Kleid entscheiden. Meiner Meinung nach stand dir das braune am besten.
Wenn du dich angesprochen fühlst, wäre es super wenn du dich melden würdest.

www.markt.de

Ein Mann, der Geschmack hat und sich auch noch traut, seine Meinung in puncto Kleiderwahl auszusprechen – sofort zuschnappen!

Suche IHN vom Depeche Mode Konzert am 26.02.10 Düsseldorf

Ich suche einen Depeche Mode Fan, der am 26.02.2010 auf dem Konzert in Düsseldorf war.

Dein Sitzplatz war in Block 138, Reihe 12, Platz 20 ungefähr. Du hattest einen schwarzen Pullover mit Reißverschluss an und eine armeegrüne Kappe auf dem Kopf. Links neben dir der Platz war frei, rechts war ein Freund von dir, der eine Brille trug.

Ich bin das Mädel aus der Reihe dahinter. Ich war ebenfalls mit zwei Bekannten dort. Nach dem Konzert haben wir uns unterhalten, leider habe ich es verpaßt nach deinem Namen zu fragen.

Wenn du dich angesprochen fühlst oder jemand weiß, auf wen dieseBeschreibung paßt--------------bitte bei mir melden.

www.markt.de

Bei einem Konzert Kontakte zu knüpfen ist nicht so einfach. Denn man muss sich durch die Massen schieben, die Musik ist so laut, dass man nur die Hälfte dessen versteht, was der andere sagt. Beim Reden muss man so laut brüllen, dass man am nächsten Tag heiser ist, und dabei auch noch aufpassen, dass man sein Gegenüber nicht zu oft anspuckt.

Weiberfastnacht Festzelt in Elsdorf

Suche das Mädel mit den schwarzen, mittelangen Haaren was hinter uns an der Nähe der Theke gestanden hat. Hattest glaube ich ein Tattoo am Bein. War selbst als Pirat verkleidet.

www.markt.de

Da die Piratenkleidung, seitdem Johnny Depp den Piraten mimt, ziemlich beliebt ist, werden auf dieser Party wahrscheinlich mehrere mit einem solchen Kostüm anwesend gewesen sein ...

Bowling ▓▓▓▓▓ **am 30.03. gg 20 Uhr**

Bowling in ▓▓▓▓ - 30.03.10 - so gg. 20 Uhr

Hallo Unbekannte Schöne ....
gehst mir nicht mehr aus dem Sinn. Hab Dir meine Handy-Nr. gegeben.
Hast Dich leider seither nicht gemeldet. Du spieltest auf Bahn 5 mit
Deinen Freunden/innen. Ich war auf Bahn 4 mit meinen
Geschäftskollegen. Ich habe mich über Deinen Anlauf sehr amüsiert und
wir haben uns ein paar Mal mit Blicken berührt. Konnte Dich an dem
Abend nicht alleine ansprechen, warst immer in Kontakt mit den
Anderen. Würde Dich wirklich leibend gerne wiedersehen - kann Dich
nicht vergessen ...DIRNGEND

---

www.markt.de

Sie hat die Nummer und meldet sich nicht.
Was, lieber Micha, könnte das wohl bedeuten?

Wiedersehen

Suche 2 junge Frauen die im Zeitraum 9.2004 - 10.2004 zwei Wochen
Urlaub im Calimera Hotel Porto Angeli in Griechenland gemacht haben.
Die eine junge Frau heißt ▓▓▓. Den Namen der anderen Frau weiß ich
leider nicht. Aber sie sprach Bayrisch.
Ich war in dem Zeitraum Masseur in dem Hotel.
BITTE MELDEN !!!!
Mit Foto.
Danke.

---

www.markt.de

Puh, 2004 ist aber schon ein paar Jährchen her. Ist der Masseur erst jetzt
aus seiner Zwangsarbeit auf Griechenland entlassen worden, oder hat
er vielleicht in alten Fotos gestöbert?

29. Mix, den ich Ihnen nicht vorenthalten will

Ich hätt´ so gern einen Hund

und am liebsten auch ein Herrchen dazu. Der erste Teil lässt sich mit einem Besuch im Tierheim ganz leicht erledigen, beim zweiten wird's schon schwieriger. Und damit ich nicht nur mit dem Hund sprechen muss, freu´ ich mich über Bildpost von einem um die Sechzig, der mehr mag, als nur Fußball gucken oder Wiener Würschtl mit Kartoffelsalat. Zuschriften unter ✉☎

Süddeutsche Zeitung

Da fällt mir eine prima Geschäftsidee ein: Hund und Herrchen können aus dem Tierheim abgeholt werden, und zuvor bekommen beide noch den Grundgehorsam beigebracht. Unter Grundgehorsam versteht man Befehle wie: komm, sitz, Platz.

Münchner - Cabriofahrer 45/191/98 NR, ledig, treu, zuverlässig, humorvoll, ohne Kids, keine Altlasten..., sucht vielleicht Dich...?!?!

Biete der RICHTIGEN Singlefrau ohne Kinder oder Altlasten, ehrliche und herzliche Partnerschaft und... Einladung zum miteinander Essengehen von Münchner - Cabriofahrer 45/191/98 NR, ledig, treu, ehrlich und seriös, zuverlässig, humorvoll, ohne Kids, keine Altlasten..., sucht vielleicht Dich...?!?!

Humorvoller, ordentlicher, gepflegter, vorzeigbarer lediger Münchner – Cabriofahrer 45/191/98 NR, Waagemann mit Charakter, Cabrio und Motorrad sucht vielleicht Dich......?!? Hallo DU, ja vielleicht genau DU, die besondere Frau...?!

Ja hallo und servus DU,

gerade vielleicht DU, bayrisch' humorvolle angehauchte SINGLEFRAU gesucht aus München und a'wenger'l weiter drumherum oder gar a' echt's Münchner Kind'l, ohne Kinder oder Kinderwunsch, hübsch und gepflegt mit Herz, Hirn, Humor und guten Charakter, bittschön lies weiter, NICHTRAUCHERIN mit mindestens 170 cm (ohne Deine Highheels), lieber größer, schlank bis leicht mollig und nicht älter als 40 Jahr, dös' war' wunderbar, vielleicht auf der Suche nach einem netten, treuen, zuverlässigen und humorvollen Münchner 45/191/98 NR mit Charakter und ohne Altlasten, Motorrad- und Cabriofahrer (OPEL Astra TwinTop 1.8 / 140 PS, no Mercedes 500 SL), aber ledig ohne Kinder oder Kinderwunsch, nicht bei den Eltern wohnend, kein Mamasöhnchen, arbeite im öffentlichen Dienst, bin trotzdem ein legerer und umgänglicher bayrischer Spitzbuar, Geburtsort ist Landau an der Isar - Niederbayern, in München aufgewachsen und lebend, mit Charme und Humor, kein bayrischer Sepperl oder Fußballfan, eher der unsportliche Genießer auf der Suche nach Dir, der RICHTIGEN zum MITEINANDER ALT WERDEN..., also, wenn's passt!?! Beste Chancen auf eine glückliche, ehrliche Partnerschaft mit Humor und Liebe.....!!!

Servus, bis bald, gerne bis spät in die Nacht und merke: " ICH BIN NICHTRAUCHER UND KEIN MANN FÜR NUR EINE NACHT ", möchte gerne mit Dir alt werden, kontaktiere mich bitte.......!!! DANKESCHÖN und bis bald, Dein, Vielleicht Dein Spitzbuar für`s ganze Leben..., wer weiß es schon genau, servus, gib` Dir einen Ruck und melde Dich z`ruck..., ich beiße nicht..., würde mich sehr freuen von Dir zu hören....?!?!

Also unter einem Münchner Cabriofahrer stellt man sich normalerweise doch mehr vor als nur einen Opel-Astra-TwinTop-1.8-Fahrer!

Der klassische Münchner Cabriofahrer fährt mit einem Porsche, Audi, Mercedes oder BMW die Leopoldstraße mit quietschenden Reifen mindestens zehnmal auf und ab, begibt sich dann in die Maximilianstraße und kommt für die nächsten zehn Runden in die Leopoldstraße zurück.

Attraktive Sie, Ende 60, jung und schlank geblieben, gut aussehend, patent, unabhängig, mehrsprachig, weltoffen, sucht liebenswerten, kultivierten, physisch/finanziell gesunden, ungebundenen Partner bis ca. 70 J., für eine dauerhafte Zweisamkeit. ✉☎

Süddeutsche Zeitung

Physisch/finanziell gesund – eine wunderschöne Formulierung.
Ob hier ein ärztliches Attest von der Bank vorliegen muss?

30jährige, verheiratete junge Frau (2 kleine Kinder) sucht Sie (ca. 28-35 J.), no scene, die ihr hilft, ihr Coming-out zu realisieren. BmB. Raum LG, HH...
ZA   DIE ZEIT, 20079 Hamburg

www.zeit.de

Das wird womöglich ein schwieriges Gespräch mit dem Herrn des Hauses.

Attraktive 176cm (34), meistens warmherzig, manchmal stachelig, aber immer Ich,
möchte mit starken ca. 180cm, meistens
humorvoll, manchmal nachdenklich, aber
immer Er, das Leben weiter erkunden, Höhen und Tiefen, aber immer im Wir.
Zuschrifter erbeten unter ✉☎ZS▮▮▮▮▮

Süddeutsche Zeitung

Immer dieses ICH … Ist aber auch schwer vorstellbar, wer man denn
sonst sein sollte. Und ER wird auch immer ER bleiben. Und DU DU!

Wer Wie Was: Die Sesamstr. brauche ich nicht mehr : Aber vielleicht könntest
du mein eingerostetes Wissen im Bereich der Leidenschaft und Lust wieder neu
auffrischen Mein Mann beherrscht das ABC der Liebe leider seit der Geburt meines Sohnes nicht mehr so ganz : Und wenn, dann nur als raufrollen, reinstek-
ken, rumstossen, abspritzen, runterrollen. Vielleicht kannst du mir mal etwas
anderes zeigen und dabei selber nicht zu kurz kommen Ich bin gespannt wer
du bist und was du über dich schreibst! Bis zu deiner Antwort an: ▮▮▮▮▮▮
▮▮▮▮▮

www.prima.de

Raufrollen. Reinstecken. Rumstoßen. Abspritzen. Runterrollen. Was willst
du denn noch mehr, Susi?

---Motto-: Hänsel sucht Gretel.....die Hex hatte
ich schon..

www.ilove.de

Eine neue Geschichte von den Gebrüdern Grimm?

Partnerschaften & Kontakte » Sie sucht Ihn

Ich frühstücke mit dem Toaster.

`Ich frühstücke mit dem Toaster, flirte mit dem Fernseher und rede mit der Couch. Bevor ich noch ein Verhältnis mit dem Staubsauger anfange, meld dich bei mir`. Wäre schön wenn Du größer als 173 cm bist, unter 100 Kg ohne Schnurbart und gerne was zum anpacken hast.

www.quoka.de

Die Gespräche mit Toaster, TV und Couch stelle ich mir sehr lustig vor. »Kannst du mir bitte noch einen Toast toasten? Dieses Mal aber nicht so dunkel.« »Also, unter uns gesagt, wir zwei hatten auch schon bessere Zeiten – das TV-Programm ist echt nicht mehr das, was es einmal war. Schiebst du bitte die DVD rein?« »Zu dir komme ich später zum Kuscheln, wärm schon mal die Kissen vor.«
Und die Sache mit dem Staubsauger – solange da keine kuriosen Sachen angestellt werden à la »Ich hab mich versehentlich auf den Staubsauger gesetzt« ...

Reiten

Wer bringt mir, w,47, attraktiv und sportlich das Reiten bei? Bei gegenseitiger Sympathie gerne mehr.

www.kalaydo.de

Bei gegenseitiger Sympathie gerne auch ohne Pferd.

SOS, welcher gutsit. Mann aus R. Mü.-
Salzbrgl., v. 60-65 J., schl., großz., zuverl.,
tierl., mit Humor, der auch gerne tanzt
(kann gesundheitl. leicht angeschl. o. impotent sein) möchte mich, aus dem R. BW,
60, schl., nicht grau, jugendl. Erscheinen,
sonst wie schon erwähnt, näher kennenl.
Traue Dich. Schreibe bitte mit relevanter
Bild-Zuschrift unter ✉☎ ▓▓▓▓▓▓▓ an SZ

Süddeutsche Zeitung

Kann gesundheitlich leicht angeschlagen oder impotent sein – geht auch beides?

Gibt es einen älteren Herrn, zwischen 75
u.99 J., der ein sehr nettes "Aschenputtel"
brauchen kann? Ich bin 58 J., 1,60m, 55
kg, NR, mit FS, ohne Kinder. Zuschriften
unter ✉☎ZS ▓▓▓▓▓▓

Süddeutsche Zeitung

Und wo sind die bösen Stiefschwestern und der gläserne Schuh? Und wofür braucht man heute noch ein Aschenputtel? Zum Erbsensortieren wohl nicht, vielleicht doch, um sie in eine Prinzessin zu verwandeln?

Partnerschaften & Kontakte » Sie sucht Ihn

Weichei gesucht

Romantische, gefühlvolle Fische-Frau, 58/160/70, ruhig, Raucherin, BU-Rentnerin, sucht Ihn mit den gleichen Eigenschaften, für liebevolle Beziehung.

www.quoka.de

BU-Rentnerin = Berufsunfähigkeits-Rentnerin. Sucht Gleichgesinnten. Um welche Eigenschaften geht es hier genau? Um die Berufsunfähigkeit?

Drei, zwei, eins, ein junger Steinbock steht zur `Verlosung` an!

Ein noch nicht einmal 580 Mon. junger und doch schon einsamer **Steinbock** sucht ein nettes, süßes Wesen mit einer Laufzeit von so ca. bis max. 550 Monaten, **Sternzeichen** und Haarfarbe egal Hauptsache beides vorhanden. Dazu solltest Du noch weiblich und kuschelbedürftig sein. Zum Anlehnen und Kuscheln stelle ich gerne meine Schultern zur Verfügung. Wenn Du daneben, also neben der Liebe, noch Spaß und Humor als wichtiges Element siehst und eine tägliche Prise Lachen zu Deinem Lebenselexier gehört, dann haben wir schon so viele Gemeinsamkeiten, dass wir dies noch weiter erkunden und vertiefen sollten. Dazu musst Du mir aber unbedingt schreiben und ein wenig von Dir erzählen. Ich freue mich darauf, von Dir zu lesen. Drei, zwei, eins, jetzt geht`s los und vielleicht bist Du schon bald meins und wir beide eins!

www.quoka.de

Täuschung missglückt – ich weiß trotzdem, wie alt der Steinbock ist. Rechnen wir mal die 580 Monate um: Das sind 48,333 Jahre. Sie sollte nicht über 550 Monate alt sein, also 45,83333 Jahre.

Ssbbw Liebhaber gesucht!!!

Ich bin auf der Suche nach einem Ssbbw Liebhaber!

Du kannst mit dem Begriff Ssbbw was anfangen und liebst viele kilos?

Ich 35,dunkelhäutig,schwarze lange Haare,dunkle Augen mit 150kg Leidenschaft sucht dich für das besondere etwas.

Eine Freundschaft in der man sich ab und zu trifft,vielleicht etwas gemeinsam unternimmt,flirtet,lacht und Spaß hat.

Intensive Gespräche und Gedankenaustausch...

Phantasien ausleben oder gar neue erleben...

Du bist ein Gentleman zwischen 40-60 jahre alt,groß,neugierig niveauvoll,lebenslustig,phantasievoll,weltoffen und gesprächig?

Dann solltest du Dich melden... ;-)

www.markt.de

Wieder was dazugelernt. Eine Ssbbw ist nicht etwa ein supersüßes Big-Brother-schauendes Weibchen, sondern eine *super-size big beautiful woman*!

Ready for more ?

Würde gerne morgens über Deine High-Heels stolpern während du noch im Bad bist und ich Dein Parfüm nicht aus der Nase bekomme. Zuhause in MUC, ZH und ORD suche ich die attraktive junge Frau zwischen 25 und 35, feminin, die mit mir die schönen Dinge des Lebens geniesst. 46/185.

Zuschriften unter ✉☎

Süddeutsche Zeitung

Ich hätte da noch eine Kandidatin im Angebot, die auch noch die Wurst vom Brot klaut, Champagner wegtrinkt und Hemden aus dem Schrank klaut!

Alte SChachtel sucht Tierbegeisterten Partner

der ehrlich ist und gemühtliche Abende gegenüber der Disko Nacht bevorzugt. Der nix dagegen hat wenn es arbeitsbedingt auch mal später wird. Der Hunde mag und keine Angst für Huftieren hat. Magst du Motorräder? oder doch lieber die Pisten abseits der Straße? Ich liebe beides ob mit 168 PS oder 2 PS. Nun suche ich das passende Gegenstück - gibt es das? Vielleicht bis bald!

www.markt.de

Omi fährt im Hühnerstall Motorrad …

Der Zufall ist kein guter Ratgeber....

wenn man darauf wartet, die Richtige zu finden.
Zumindest hat es so bisher nicht wirklich bei mir
geklappt. Daher will ich dem "Zufall" mal auf die Sprünge
helfen.
Ich, Ende 30, mit ausreichend Herz und Hirn ausgestattet
und bereit beides auch einzusetzen, suche den
passenden Gegenpol. Ich bin vielseitig interessiert, habe
meinen Platz im Leben gefunden und muss nicht mehr
experimentieren. Freizeitsportarten bin ich nicht
abgeneigt, ebenso wenig wie erholsamen Abenden
zuhause. Ich habe keine noch zu verarbeitenden Altlasten
oder sonstige Beziehungskiller im Gepäck und bin bereit
für eine gemeinsame Zukunft mit viel Harmonie und
Verständnis auf Augenhöhe.
Wenn du auch auf der Suche nach einem Partner und
nicht nach einem Ernährer bist und Stil nicht für das Ende
vom Besen hältst, dann melde dich einfach.

www.markt.de

Dem Zufall habe ich noch nie vertraut – der ist genauso schlimm wie das Schicksal. Die beiden stecken bestimmt unter einer Decke.

Spieglein, Spieglein an der Wand, wo ist mein Traumprinz hier im Land?

Ich, braunhaarige Kuschelmaus, 55 J. jung su. einen attraktiven, tierlieben, humorvollen Mann, zw. 52-58 Jahren der wie ich gerne kuschelt u. weiß, was Treue u. Ehrlichkei bedeuten. Meine Interessen sind: schwimmen, kochen, spontane Ausflüge u. camping. Liebe aber auch gemeinsame Abende zu zweit bei Kerzenschein. Wenn Du Dich angesprochen fühlst und aus dem Landkreis Dachau kommst, würde ich mich über eine ernstgemeinte Antwort mit Bild sehr freuen!

www.markt.de

»Spieglein, Spieglein an der Wand, wer ist die Schönste im ganzen Land?« In diesem Märchen wird eigentlich kein Prinz gesucht. Er küsst Schneewittchen nur wieder wach, das hätte aber auch jeder andere tun können.

Meine Märchenanalyse daher: eine eher anspruchslose Dame.

Kosmopolit, geistig und finanziell unabhängig, körperlich und charakterlich von geradem Wuchs, nicht mal unkultiviert, hat wild und gefährlich gelebt. Jetzt ist er auf der Suche nach dem Schönen, Wahren und Guten. Welche liebe, kluge Frau zwischen 50 und 62 (+1-?) zeigt ihm, wo`s langgeht?
ZA ▇▇▇ DIE ZEIT, 20079 Hamburg

www.zeit.de

Das ist wirklich von großem Vorteil, von geradem Wuchs zu sein. Nicht auszudenken, wenn man krumm gewachsen wäre und dauernd schräg oder verzweigt durchs Leben gehen müsste.

Ziemlich junger Endfünfziger, 1,78, schlank, NR, freiberufl. (R4), 2 erw. Ki., mit gr.
Rock-, Jazz- und Klassikplattensammlung, Büchern, Rennrad (und was sowieso vorhanden
aber nicht so bedeutsam ist), macht alles entweder mit Leidenschaft (Beruf, Sport, Musik hören,
Sex, Kochen u.v.m.) oder gar nicht (Auto hegen, Fußball gucken, Männerkameradschaften u.a.).
Möchte wieder das alles beherrschende Glücksgefühl einer viels. sinnlich erotischen
Partnerschaft spüren. Wenn alles paßt, für immer, wenigstens für ewig, auf jeden Fall zur Probe.
Raum B oder HRO, bitte unbedingt mit Bild (ern). ZA▮▮▮▮ DIE ZEIT, 20079 Hamburg

www.zeit.de

Komm, Kleines, ich zeig dir mal meine Plattensammlung … Funktioniert
die Masche wirklich noch?

Künstler/Musik, 36, sucht verlässliche, unabhängige, lebenstüchtige Frau.
ZA▮▮▮▮ DIE ZEIT, 20079 Hamburg

www.zeit.de

Das heißt: Erfolgloser Künstler will durchgefüttert werden.

Frau aus ▮▮▮▮▮▮▮▮, 9J./1,55gr.,
NR/NT, jedoch sehr einsam, sucht
ehrlichen Partner ohne Schwindel und
faule Ausreden für den Rest des
Lebens. Chiffre: ▮▮▮▮

Heim und Welt

»Ohne Schwindel und faule Ausreden« – meine Herren, hier kommen
Sie wohl nicht drum herum, auch mal den Müll rauszutragen. Da gibt
es keine Ausreden!

Entfalten statt Liften !
Frau, 50+, 1,74, schlank sucht Partner.
Zuschriften unter ✉☎ZS▬▬▬▬ an SZ

Süddeutsche Zeitung

Ein kleines Wortspiel – wie nett.
Aber die Verfasserin hat von einem Buchcover abgeschrieben.

Frustrierter Endzwanziger sucht

Frustrierter Endzwanziger sucht nach Beziehungs-Aus
Frau m. Lattenrost u. Matratze, 90x200 cm, Kernhöhe 20
cm. Bett vorhanden. Zuschriften BmB von Lattenrost,
Matratze und Dir. ▬▬▬▬▬▬

www.markt.de

Wenn schon die Endzwanziger so frustriert sind, was sollen dann die anderen sagen?
Die Ex hat also die Matratze mit Lattenrost mitgenommen, mehr hat wohl nicht in den Ford Fiesta reingepasst.

Nymphomanische Millionärstochter mit inneren
Werten.....
sollten die vergriffen sein,tut`s auch eine
nette,ausgeglichene, lustige,attraktive Frau in
den Dreissigern IM GROSSRAUM MÜNCHEN UND
UMGEBUNG.
Mag aber keine Pferde stehlen,weil die Garage
schon voll ist und abgesehen davon ist das ja
illegal.
Mag auch keine ONS,OFFS,TRITOPS,FLIPFLOPS(was auch
immer das ganze Zeug heissen soll).
BIN KEIN ZAHLENDES MITGLIED UND KANN DAHER LEIDER
NICHT AUF MAILS ANTWORTEN,ES SEI DENN,DU TEILST
MIR DEINE MAILADDI MIT

www.ilove.de

Hier nimmt es mal jemand mit Humor und versteht die ganzen Abkürzungen auch nicht!

Suche schwierige und komplizierte Frau, gerne schlau und hübsch, für eine Fern- und
Nahbeziehung mit Intensität. Bin Ende 30, beruflich mehrmals im Monat in ganz Europa
unterwegs, lebe ansonsten zufrieden in den Tag hinein, zuviel Denker, wäre gern mehr Dichter.
oder ZA   DIE ZEIT, 20079 Hamburg

www.zeit.de

Da kann man natürlich leicht reden – wenn man eh mehr unterwegs als zu Hause ist.

Gibst Du gerne nach?

Sie, leicht dominant, studiert und sehr attraktiv weiss genau, was sie will und was nicht.

Ich suche einen gestandenen, erfolgreichen Mann ab 35, unbedingt ebenfalls studiert und ebenfalls ungebunden, zur Gestaltung unserer Freizeit nach MEINEN Wünschen. Im Job darfst Du gerne den Ton angeben, unter vier Augen werde ich diese Aufgabe übernehmen.

Körperliche Liebe wird nicht die Basis unserer Beziehung sein aber auch nicht von geringer Bedeutung sein. Diese hast Du Dir jedoch zunächst zu verdienen.

Ich wünsche einen Mann, der mich auf Händen trägt und verwöhnt und das jeden Tag auf's Neue.

Ich suche einen Mann, der die Frau an seiner Seite zum Zentrum des Universums macht und ihr maximale Aufmerksamkeit und Zuwendung bereit ist zu schenken.

Alles Weitere wird sich finden.

www.markt.de

Bei »leicht dominant« konnte ich mir ein Lachen nicht verkneifen, das klingt schon eher ziemlich dominant.
Also toben Sie sich besser in der Arbeit aus, denn zu Hause gibt es dann nichts mehr zu lachen!

Gibt es Hausfrau-Geliebte- und - Krankenschwester in einer Person, fragt Witwer, 80/168/65, NR, NT. Chiffre ▮▮▮▮▮▮▮ bitte schreiben Sie an: Frankfurter Rundschau, 60266 Frankfurt am Main

Frankfurter Rundschau

Hier ist ein älteres Semester doch mal richtig ehrlich.
Hausfrau, Geliebte und Krankenschwester in einer Person gesucht!

Attraktiver, gebildeter, kommunikativer, feinfühliger, sportlich maskuliner, moderner, weltoffener, Musik Mode Kunst und Kulturinteressierter (35/188/76), sucht eine junge, erotische, sexy Blondine bis 29, oder alternativ. Eine wilde, animalisch, temperamentvolle dunkelhaarige, südländische Amazone mit atemberaubend perfektem, trainiertem Körper (ab Körbchengrösse C) für gemeinsame Schachabende und philosophische Grundsatzdiskussionen. (Bodenseeregion) ZA▮▮▮▮ DIE ZEIT, 20079 Hamburg

www.zeit.de

Er kann sich wohl nicht entscheiden zwischen sexy Blondine oder animalischer Amazone. Aber Schachabende und philosophische Grundsatzdiskussionen … na klar, und das mit mindestens Körbchengröße C!

Attraktiver Klassemann (42 J, 1,90/85, NR/NT) vielseitig interessiert, mit Niveau, Verstand, Intellekt, Emotionen, Ecken und Kanten sucht jüngeres weibliches Pendant mit asiatischen Wurzeln bzw. asiatischer Herkunft um die Höhen und Tiefen des Lebens gemeinsam zu meistern und eine kleine Familie zu gründen. Meine Interessen sind u.a. Reisen, klassische Musik, Oper, Kino, Lesen, etc.. Sport nur just for fun. Wichtig sind mir Natürlichkeit, Gemeinsamkeiten, Offenheit, Emotionen und gute Gespräche sowie auch der Austausch von Zärtlichkeiten und mehr. BmB. ZA▮▮▮▮ DIE ZEIT, 20079 Hamburg

www.zeit.de

Sag's doch kurz und prägnant: Der Austausch von Körperflüssigkeiten steht im Vordergrund.

> Ballkönigin gesucht
> Das Kleine Schwarze langweilt sich im Schrank? Die Pumps brauchen mal wieder Auslauf?
> Hätten Sie vielleicht Lust mich (Anf. 50, 1,90m) auf einen Sommerball zu begleiten?
> PS: Nichttaucherinnen und Damen inkl. Absatz grösser als 1,75m bevorzugt.
> ZA ▆▆▆ DIE ZEIT, 20079 Hamburg

www.zeit.de

Nichttaucherin?
Nur damit Sie nicht etwa im Neoprenanzug mit Flossen und Taucher-
maske zum Sommerball kommen. Gegen die Sauerstoffflasche auf
dem Rücken ist allerdings nichts einzuwenden.

> **Gestresste Workalholicerin (48) sucht ge-**
> **stressten Workaholicer zwecks nichtver-**
> **bringen gemeinsamer Zeit.** ✉☎ZS ▆▆▆

Süddeutsche Zeitung

Das wird schwer, zwei Workaholics unter einen Hut zu bringen. Vielleicht sollten die besser zusammen arbeiten?

> Vielseitige Frau, 35, PLZ 6, mit funktionierendem Kopf und sportlich schlankem Körper,
> zuverlässig und einfühlsam, sucht kommunikativen, optimistischen, bartlosen Partner.
> Bin keine elegante Lady, suche keinen großzüg. Rosenkavalier.
> ZA ▆▆▆ DIE ZEIT, 20079 Hamburg

www.zeit.de

Mit funktionierendem Kopf: Die kann also mit den Wimpern klimpern,
und das Ein- und Ausatmen klappt auch selbstständig ohne sekündli-
che Erinnerung.

Allmählich wird es Zeit, dass wir uns kennen lernen! Junge Münchnerin (50), 170, schlank, brünett, nicht sehr sportlich, sucht zuverlässigen, studierten, musischen Mann um die 50, mit erträglichen Macken. Bild- Zuschriften unter ✉☎ZS▓▓▓▓

Süddeutsche Zeitung

Was würden Sie als erträgliche Macken bezeichnen?
Mimosenhaftigkeit, schmutzige Socken in der ganzen Wohnung, Bartstoppeln im Waschbecken, Zahnpasta immer offen lassen, Möchtegern-Techniker mit dem Drang, ständig Werkzeug kaufen zu müssen und Dinge kaputtzureparieren, die großen Lieben Auto und Fußball, den Fernseher zu laut laufen lassen, alles restlos leer trinken und dann wieder in den Kühlschrank zurückstellen, immer dann schlafen, wenn der Müll runtergetragen werden muss, das unterste T-Shirt aus dem Schrank ziehen, Hunderte von Zeitschriften sammeln, nicht wissen, wo irgendetwas in der Wohnung liegt, sich abends auf dem Weg vom Bad ins Schlafzimmer ausziehen und die Klamotten einfach unterwegs fallen lassen ...
Sind diese Macken gemeint?

Millionär im Herzen
43 J., attraktiv, schlank, 1,85 m, humorvoll, beruflich erfolgreich, mit vielseitigen Interessen, sucht romantische Frau mit viel Herz für ein Leben zu zweit. Gerne auch mit Kind. Zuschriften unter ✉☎ZS▓▓▓▓

Süddeutsche Zeitung

Sind wir nicht alle im Herzen kleine Millionäre?

Kotelett oder Spareribs? Wenn Sie lieber
was zum Fiseln mögen, dann sind Sie bei
mir richtig (54 J., 170m, 45 kg, Raucherin,
kurze schwarze Haare, grüne Augen, noch
ohne Bartwuchs!) Mal zickig, mal komisch,
ansonsten okay, bin keine Tussi, sondern
der „Jeans-T-Shirt - realistisch - zum An-
fassen-Typ. Suche klammerfreie Beziehung
zum Kino gucken, quatschen u. kuscheln.
Freue mich auf Ihre Antwort (Rm. Mchn.)
Zuschr. unter ✉☎ZS▆▆▆▆▆ an SZ

Süddeutsche Zeitung

Die Frau ist genauso groß wie der Yding Skovhøj, der höchste Berg Dä-
nemarks mit 170 Metern.
Zum Glück ist der Bartwuchs noch nicht da, sonst wäre sie ja ein richti-
ges Monster. Aber im Abendkleid kann man sich dieses Riesen-Pracht-
weib schlecht vorstellen. Ob es wohl Jeans in diesen Größen gibt?

**Citation oder
ähnliches**

Liebes Wesen sucht Dich.

Egal ob angestellter Pilot, Passagier
oder selbstfliegender Unternehmer.

Bitte nur Jahrgänge ab 1950, da
selbst auch kein Girlie mehr.

Zuschriften unter ✉☎ZS▆▆▆▆▆

Süddeutsche Zeitung

**Citation oder
ähnliches**

Liebes, fröhliches und seriöses Wesen   sucht   Mitfluggelegenheiten
round the world.
▆▆▆▆▆
Zuschriften unter ✉☎ZS▆▆▆▆▆

Süddeutsche Zeitung

Dieses fröhliche Wesen hat gleich zwei Anzeigen aufgegeben.
Bei Citation handelt es sich um eine Flugzeugfamilie des amerikanischen Herstellers Cessna. Die Citation ist allerdings kein »Sportflug-
zeug«, sondern gehört in die Kategorie »Geschäftsreiseflugzeuge«
– also schon eine größere Kiste!

Junge, schlanke, attraktive, blonde 50egrin sucht Gegenstück! Wer schaut in den gleichen Mond wie ich? Irgendwo auf dieser Welt muss es doch den Mann geben, der die gleichen Wünsche hat wie ich! Schmetterlinge im Bauch, eine positive Lebenseinstellung, Liebe und Zärtlichkeit leben, dabei die Realität nicht ausser acht lassen. Wenn Du charakterstark, männlich, nicht unvermögend und alle Annehmlichkeiten und auch mal die unangenehmen Situationen mit mir erleben willst, dann melde Dich! Hobbys: Wassersport, Motorsport, Ski und Golf, Kochen, gut essen und einfach das Leben geniessen! Zuschr. u. ✉☎ZS▮▮▮▮

Süddeutsche Zeitung

So schwer kann es doch nicht sein, den gleichen Mond anzusehen! Gut, mit einem Teleskop kann man in unserem Sonnensystem gleich 202 Monde entdecken.

N.Y. & BT - Guggenheim & Blumenwiese - first class & Bauernhof - sens & sensibility - Vergangenheit & Zukunft Sehnst du (akad., NR, ab 1,80, o. Altlasten) dich - trotz einiger Gegensätze - auch nach einer harmonischen Beziehung? Dann melde dich bei mir (37, 170) unter Zuschriften unter ✉☎ZS▮▮▮▮

Süddeutsche Zeitung

Hier will jemand wohl vom Bayreuther-Blumenwiesen-Bauernhof first class nach New York, um unter anderem ins Guggenheim-Museum zu gehen.

Träumer?

Putzen, Kochen, Waschen, Bügeln
kann ich selber, Geldverdienen, Ra-
senmähen und Erziehen auch. Selbst
für den Sex gäbe es jemanden, die
mich nicht von der Bettkante stoßen
würde. Ich brauche keine Frau!
Wenn es jetzt für Dich interessant
wird, wenn Du Dich jetzt als Person
ernst genommen fühlen würdest,
wenn Dein Leben klare Linien hat,
wenn Du keinen Mann brauchst,
dann könnten wir uns doch mal näher darüber unterhalten, oder? Du
hast es dann zu tun mit einem
55jähr.(akad., gesch., schlank,
sportlich aktiv.), der z.B. Literatur,
die Berge, Irland und seine Tochter
liebt.

Zuschriften unter ✉☎ZS

Süddeutsche Zeitung

Hm, und was soll daran interessant sein?

Okay, dass er putzen, kochen, waschen und bügeln kann, ist von Vorteil. Aber wenn er keine Frau braucht, warum sucht er dann eine? Handelt es sich hier vielleicht um das allseits bekannte Frauen-und-Schuhe-Phänomen? Brauchen tun wir das 85. Paar natürlich nicht, aber haben wollen wir es trotzdem.

Ohne Tier

Ex Pilotenausbilder 64/178/100,
noch R. su. schlanke, gutauss. Frau
(auch Ausländerin.) Antw. b.m.B.

Zuschriften unter ✉☎

Süddeutsche Zeitung

Ohne Tier? Heißt das jetzt, der Mann hat wenig Körperbehaarung, keine Kakerlaken im Bad, oder hat er sich nur den Bären-Brüll-Ton als Ausbilder abtrainiert?

Bestellung: Traum-Mann

Bestell-Nr: JG 1968-1975; Größe 180-195
cm; Artikelbez.: Oberbayer von Welt gerne
mit Wurzeln in IT, FR, CH, CoZa, sportlich
elegant, fürsorglich, weltoffen, freiheitslie-
bend, finanziell unabhängig, unterhaltsam,
ledig, kinderlos, gute Umgangsformen,
tierlieb, Haushaltsallrounder, Romantiker;
Preis: Partnerschaft fürs Leben; AGB's:
34J./attraktive Akademikerin/selbständig/
kinderlos/ledig/ Dirndl-Figur/ liebt das
Leben & die Welt; mit Bild Zuschriften
unter ✉☎ZS

Süddeutsche Zeitung

Wo haben Sie denn diesen Katalog her?
Könnte ich bitte auch einen haben?
Und wie funktioniert die Rücksendung der Ware bei Nichtgefallen?
Großer Karton mit Luftlöchern und dann zur Post? Und wer übernimmt
dann das Porto?

Sophie sucht James, Sie (Anf.40, m. Hund)
sucht James (b.50) z.gem.Wandern, Klein-
kunst, Dinner am Berg. Wenn Du kein
Langweiler bist, melde Dich mit Bild mglst.
ohne Sonnenbrille.
Zuschriften unter ✉☎

Süddeutsche Zeitung

Da fällt mir nur *Dinner for one* ein.
James: »By the way, the same procedure as last year, Miss Sophie?«
Miss Sophie: »The same procedure as every year, James!«
James: »Well, I'll do my very best!«

> Wie beschreibt man eine komplexe Per-
> sönlichkeit in einem kleinen Inserat?
> **Ende 40, schlank und sportlich, klug,**
> **individuell stratt angepasst,** außerge-
> wöhlich aber kein Spinner…da ist
> noch einiges zu sagen und das **Äußere**
> **spielt auch eine Rolle, deshalb bitte**
> **Zuschrift mit Foto** u. ✉☎ZS▮▮▮▮▮

Süddeutsche Zeitung

Also, eines muss man ihm lassen: Die komplexe Persönlichkeit ist echt
top beschrieben!

Zum Frühstücken in Paris, Sonnenunter-
gänge in Dubai und Ausgehen in MUC, suchen Carrie und Co. sympathische Männer
±50, Typ Bodygard mit interess. Back-
ground, für gemeinsame Unternehmungen
(BmB) ▮▮▮▮▮▮▮▮▮▮▮▮▮▮▮▮ oder
Zuschr. unter ✉☎ZS▮▮▮

Süddeutsche Zeitung

Da hat wohl jemand zu viel *Sex and the City* gesehen!
Die kleine Samantha ist also auf der Suche nach ihrem Rikard Spirit –
oder für die, die sich den Film nicht angesehen haben, nach einem reichen, bulligen, blonden, sexy Dänen, der geschäftlich in Abu Dhabi zu
tun hat!

Willst Du noch mal einen Einsatz für den Aufbau einer tragfähigen Bindung wagen? Oder: Hast Du die Kraft, die Kratzer in meiner Platte anzuhören? W, 63/161, stark an Geist und Körper, sucht treuen, bodenständigen Mann, ab 57, der **auch** das Leben studiert hat. Künstlerisch Geneigte, Schriftsteller, Maler, Querdenker bevorzugt. Zuschr. (bitte mit Bild) ✉☎ZS▬▬▬

Süddeutsche Zeitung

Es gibt nichts Schlimmeres als eine hängende, verkratzte Platte. Da hilft nur ein ausgeschaltetes Hörgerät!

Ich su. d. Mann m. Träume, d. n. a. d. Liebe glaubt. Du bist Akad., viell. bist du Unternehmer, Privatier, Kosmopolit u. suchst d. Frau deines Lebens.
Ich 40 J. + Kind (4 J.) 164 cm, br. la. Haare, habe die Möglichkeit noch 1 Jahr Erziehungsurlaub zu nehmen u. m. d. die Welt zu bereisen, bzw. dich zu begleiten od. dich einf. nur kennen zu lernen. Egal wo du lebst ! CH, A;D, Du hast d. Herz a. rechten Fleck u. bist nicht oberflächlich! Ich sehne mich nach einer kompl. Familie und du wünschst es Dir v. ganzen Herzen auch. Hast viell.. n. e. Kinderwunsch offen od. suchst auch d. gr. Liebe, bist liebevoll, kinderlieb, u. magst evtl. auch soz. Engagement, was dich glückl. macht. Du bist, verantwortungsvoll, treu, herzlich u. kommunikativ.
Es ist kein Probl..falls du schon Kind /er hast. Du willst zusam., lachen, leben u. lieben, glücklich sein.
Schreib an: ▬▬▬▬▬▬▬ od. ✉☎ZS▬▬

Süddeutsche Zeitung

Das eine Jahr Erziehungsurlaub könnte man natürlich auch anders nutzen. Abgesehen davon – was passiert mit dem vierjährigen Kind? Muss das nicht in den Kindergarten? Oder soll es durch die ganze Welt mitgezerrt werden?

> **Ob Bayer oder Preuße, evangelisch oder katholisch** - gebildet sollte der über 70jährige große Herr sein, der mit einer Akademikerin noch viele schöne Jahre verbringen möchte. Zuschriften bitte mit Foto unter ✉☎ZS▓▓▓▓ an SZ.

Süddeutsche Zeitung

Nach dem Statistischen Bundesamt werden es wohl leider nicht mehr so viele Jahre sein.
Beim Geburtenjahrgang 1940 – die Herren sind jetzt genau 70 – sieht die Sterberate im Durchschnitt folgendermaßen aus:
Männer: 68,6 Jahre
Frauen: 76,6 Jahre
Aber Ausnahmen bestätigen natürlich immer die Regel.

> Alter Boy, 55J., schlank, schöner Body, alle Haare, sehr sinnlich, einfühlsam, gepflegt-liebt das Leben und die Liebe- Bi- Typ, mobil, sucht das Außergewöhnliche! Eine Lady mit dem gewissen Etwas - was Männer ja aben, man nennt sie Transen. Alter bis 45, Gewicht spielt keine Rolle. Raum Siegerland - Nordrhein-Westfalen. Bitte Foto, aussagefähig. Chiffre: ▓▓▓▓

Heim und Welt

Sich mit 55 noch Boy zu nennen ist ja nicht schlecht – aber warum wird hier eine Frau gesucht, wenn er bi ist und gern in Frauenkleidern und mit Schminke aus dem Haus geht?

Partnerschaften & Kontakte » Er sucht Sie

Es ist wie verhext....

anscheinend bekommt man eher einen Sechser im Lotto als die richtige Partnerin.

Gut, das mit dem Lotto hat auch noch nicht geklappt. von daher wird es schwer das empirisch zu beweisen aber vielleicht findet sich ja hier der Gegenbeweis. Dann kann ich mir das Lottospielen nämlich erfahren. Ein Hauptgewinn würde mir reichen.

Ich weiß nicht was du suchst, ich suche:

- lachen
- weinen
- Liebe
- Geborgenheit
- Ehrlichkeit
- Authenzität
- Verständnis ohne Worte
- Herzen im Einklang
- keine Aufarbeitungsrückstände
- jemanden der über sich selber lachen kann
- frei von alterbedingten, hinderlichen Randkonventionen

Das ist sicherlich keine abschließende Aufzählung aber wenn das da wäre, ist der Rest eigentlich fast egal. Ich biete das Verlangte zu 100%. Du bewegst dich in der Alterklasse 33 - 43 und hast so 40 bis 50 Jahre Zeit für eine harmonische Beziehung, die das Leben erleichtert und nicht belastet. Tja, dann melde dich einfach. Anzeigenkennung ▬▬▬▬▬

---

www.quoka.de

Puh, da kommt die gute alte Wahrscheinlichkeitsrechnung wieder zum Zug. Lotto also: Sechs Kugeln werden aus einem Pott mit 49 Kugeln ohne Zurücklegen von der Lottofee gezogen.

Und die Wahrscheinlichkeit, beim Lotto einen 6er zu tippen, liegt bei 13.983.816 zu 1.

Da stellt sich jetzt die Frage, ob es wirklich einfacher ist, im Lotto zu gewinnen.

Hier mal ein paar demografische Daten aus Deutschland:

Deutschland hat 82.369.548 Einwohner, davon 26.739.934 Frauen im Alter von 15 bis 64 Jahren. Da aber nur nach Frauen im Alter von 33 bis 43 Jahren gesucht wird, minimiert sich die Zahl schon wieder. Also, was ist wohl schwieriger – Frau oder Lotto?

Netter sucht Nette

Netter sucht Nette
Hallo, ich bin einfach nett und fair und su. hier eine nette liebe Frau zum
kennenlernen mit der man vielleicht auch durch dick und dünn gehen
kann, oder das leben geniessen kann oder wieder vertrauen kann.
Meldest du dich? Ich sehe recht gut aus bin 42j 178 cm und 76 kg und
komme aus mannheim. Bis bald hoffe ich.

www.markt.de

Also jetzt mal ehrlich: Das ist ja alles wirklich ganz, ganz nett, aber vom
Hocker reißt es mich auch nicht.

Partnerschaften & Kontakte » Er sucht Sie

Ich suche niemanden zum Pferde stehlen!
Warum auch?
Wohin mit den Pferden???
Gebundene Männer sind für mich tabu...
Beeindrucken kannst du mich:
wenn du nicht gleich in die sexistisch Vollen gehst...
denn... Ineinander passen Alle!... Zueinander nur Wenige!!!
So und wenn Du nun zwischen 47-52 jahren bist, gepflegt und keine Klammer...
dann würde ich mich auf Post freuen.

www.quoka.de

Wie wahr, wie wahr: »Ineinander passen alle, zueinander nur wenige.«

Semi-Romantikerin sucht Semi-Macho mit Pfadfinderherz
Humorvolle, ehrliche, kommunikative, brunette Enddreißigerin sucht selbstbewussten,
lebenslustigen, intelligenten, kommunikativen Partner zur gemeinsamen Zukunftsfindung.
ZA███ DIE ZEIT, 20079 Hamburg

www.zeit.de

Was ist denn ein halber Romantiker und ein halber Macho? Entweder
man ist romantisch oder nicht – und das Gleiche gilt für den Macho.
Oder wechselt das je nach Tagesform?

Greta Garbo ist tot, aber ich lebe!
Bekannte Schauspielerin will Dich verführen, zu einem Leben voller Leben, zu einem Lächeln
voller Lachen, zu Geborgenheit und Zärtlichkeit. Gemeinsamkeit genießen, Sehnsüchte fühlen
und nicht mehr immer und überall funktionieren müssen. Attraktive, sportliche, kluge und freche
Frau (57) mit allen Qualitäten, die ein toller Mann sich wünschen kann, will mit ihm intensiv das
Leben und die Liebe spüren. Zuschriften bitte mit aussagekräftigem Foto.
ZA███ DIE ZEIT, 20079 Hamburg

www.zeit.de

Ja, Greta Garbo weilt seit dem 15. April 1990 nicht mehr unter den Le-
benden. Aber um welche bekannte Schauspielerin könnte es sich hier
handeln? Auch aus Schweden? Oder nur sehr regional auf eher kleine-
ren Bühnen bekannt?

Wir suchen Dich! Ritter und Edelmann - mit Herz und Verstand. Der Burgen bauen kann und
mit Leidenschaft verzaubert. Im Westen Münchens.
ZA███ DIE ZEIT, 20079 Hamburg

www.zeit.de

Wir? Wer ist denn wir? Sucht hier ein Pärchen, zwei Freunde oder
Freundinnen, Mutter und Kind? Und wenn der Ritter ganz allein die
Burg bauen soll… na, das kann schon ein paar Jahrzehnte dauern.
Aber vielleicht hilft ihm ja der Schildknappe beim Steineschleppen.

> Gerade frühpensionierter Richter, linksliberal u. alleinlebend (nicht schwul), mit Interessen für
> Theater, Kino u. böses Kabarett, aber auch für die Welt, Meer, Mainz + München, die Pfalz,
> Kneipen, Doppelkopf, Fuß- u. Basketball, sucht entspr. Gruppe oder m +w Einzelpersonen zur
> Bildung einer solchen (Stammtisch in Mitte),sowie Erkundung der Welt.
> ZA ████ DIE ZEIT, 20079 Hamburg

www.zeit.de

Na gut, ein Richter. Aber das Amt muss ihn schon ganz schön mitgenommen haben, wenn er sich privat »böses Kabarett« anschaut.
Und offenbar muss man als linksliberaler Richter schon dazuschreiben,
dass man nicht schwul ist, wenn man allein lebt.

> **Sie, mit 20.000 blonden Haaren** und ebenso
> vielen Illusionen, sucht Gefährten um eine
> nette Familie zu gründen. Allerlei Fähigkei-
> ten und tausend Verrücktheiten vorhanden.
> Zuschriften unter ✉☎ZS ████ an die SZ.

Süddeutsche Zeitung

Wie lange braucht man eigentlich, um seine Haare zu zählen? Muss
man das selbst machen, oder lässt man jemanden zählen?
Abgesehen davon, 20.000 Haare sind eigentlich ganz schön wenig.
Oder ist der Rest der Haare andersfarbig?
Hier mal ein kleiner Überblick, wie viele Kopfhaare Mensch im Durch-
schnitt so hat:
Blonde: ca. 150.000
Brünette: ca. 110.000
Schwarzhaarige: ca. 100.000
Rothaarige: ca. 90.000

Kein Truthahn-Hals, kein Hängebauch, kein Doppelkinn,
weder graue Maus noch Muttchen: ich bin 72, nicht mehr so glatt wie mit 40, aber eine
bestens erhaltene jugendliche Frau (dunkelh.). Mit Ihnen könnte ich die Welt erobern,
durch die Stadt bummeln, radeln, wandern, evtl. golfen, Konzerte oder Ausstellungen
besuchen, ins Kino gehen oder zum Essen, verreisen, reden und diskutieren, aktiv sein
oder auch faulenzen, lachen, streiten und wieder vertragen und glücklich einschlafen.
Sie sind ein körperlich und geistig aktiver Mann, haben HHH, auch ein paar Krawatten
im Schrank und wohnen im Großraum München. Zuschr. erb. u. ✉☎ZS ▮▮▮▮▮▮

Süddeutsche Zeitung

Hier zeigt eine reife Dame Selbstvertrauen. Aber wie sieht es mit den
berühmt-berüchtigten Winkearmen (schlabbrige Oberarme) aus?

Der Mann, den ich küssen möchte...,
sollte intelligent, unabhängig, sportlich,
attraktiv und humorvoll sein. Er sollte echte Zähne und wenig Wehwechen haben,
unter 50 und über 1,75 m sein.
Rheinländerin, 48, bietet das alles,
wobei ich unter 1,70 m bin :-)
Zuschriften unter ✉☎ZS ▮▮▮▮▮

Süddeutsche Zeitung

Das hat bis jetzt noch niemand gefordert: »echte Zähne«, also kein Ge-
biss, oder fällt da auch schon eine Brücke oder gar ein Implantat drun-
ter?

Unternehmungslustiger, brauchbarer Mann
41, 180 cm, su. nette Sie, bis 36, zum Verlieben, Kind kein Hindernis ✉☎ZS ▮▮▮▮▮

Süddeutsche Zeitung

Wann genau ist ein Mann brauchbar? Und was heißt es, wenn sich ein
Mann selbst so beschreibt?

Ich mag Hollerkiache, Bergluft, alte Städte, meine 70 Jahre, altes Holz, Tropennächte, Föhntage, weiß-blauen Himme, Asterix, Polt, Trüffel, Botticelli, Pinakotek der Moderne, Klosterkeller, und bald mit Dir aufm Hausbankerl über meinem Inntal sitzen. Zuschriften unter ✉☎ZS ▆▆▆▆.

Süddeutsche Zeitung

Hollerkiachl oder Hollunderküchlein sind ein süßer kulinarischer Hochgenuss aus Bayern. Ganz genau handelt es sich hierbei um Dolden des Holunderstrauches, die in einen Teig getaucht und dann in Fett knusprig herausgebacken werden.

To make our long story short: Du bist sehr attraktiv, gerne Frau, ein Vollweib? Herrlich. Du bist intelligent und nicht überheblich? Angenehm. Du suchst Fürsorge, Grosszügigkeit und Lebensqualität? Wunderbar! Du respektierst mein Ehe- und Familien-Vorleben und freust Dich auf ein Leben zu zweit, mit allem, was dieses Leben zu bieten hat? Herrlich! Ich bin 53 Jahre alt, 180/76, sportlich, schlank, jünger und gut aussehend, klar, Grr. München. Du kannst zwischen diesen Zeilen lesen? Wunderbar! Ich freu mich auf Dich, erstmal unter ▆▆▆▆▆ **oder** Zuschriften unter ✉☎ZS ▆▆▆▆

Süddeutsche Zeitung

Haben Sie diese Anzeige gelesen? Herrlich!
Konnten Sie auch zwischen den Zeilen lesen? Wunderbar!
Und um »angenehm« auch noch unterzubringen: Alles verstanden?
Angenehm!

30. Der Freunde-Finder

Natürlich habe ich mich auch in einschlägigen Single-Netzwerken umgesehen, und Friendscout24 ist eines davon. Neben einer Vielzahl langweiliger, nichtssagender Profile stechen ein paar durch Witz und Einfallsreichtum hervor. Es gibt hier eine Rubrik, die nennt sich 25 Fragen. Und hier kommen die Highlights daraus:

Worauf sind Sie stolz?

Kann sprechen, schreiben und laufen, das restliche ergibt sich mit dem alter!

Wovor haben Sie Angst?

- Vor Frauenhandtaschen. „Andreas, gibst Du mir bitte den Lippenstift aus meiner Handtasche?" Igiiittt... Zwischen OBs und Slipeinlagen, glibbernden, benutzten Taschentüchern, ausgelaufenen Eyelinern und mit klaffendem Maul wartenden Puderdosen, soll ich den Lippenstift - schmier - und vielleicht noch dessen Deckel rausholen? Also bitte! Da wagt sich nichtmal ein Fremdenlegionär ohne ABC-Schutzanzug ran! -Vor modernen Mikrowellengeräten und Cerankochfeldern. Ich will nur Tiefkühlessen warm machen, nicht die Flugbahn einer Mittelstreckenrakete programmieren! Geht es bitte auch mit weniger Knöpfen und Schaltern? - Vor Vorwerk-Staubsaugern. Ich will damit den Dreck wegsaugen und nicht zum Mond fliegen! Wie schaltet man die Dinger überhaupt ein? - Vor „Handys". OK, es ist wirklich einfach herauszufinden, wie man damit fotographiert, Bayern gegen Real Madrid live schaut, den Rasen mäht, Dosen öffnet und sich damit rasiert- aber wie telefoniert man mit den Dingern? - Vor Toastern aus (gebürstetem) Edelstahl. Darf man sein Frühstück nicht mal in Ruhe genießen, ohne verräterische Fingerabdrücke zu hinterlassen? - Vor Autos. Wie lange klappt noch wenigstens ein Reifenwechsel ohne Computerdiagnosegerät? Oops - hoffentlich lesen das jetzt die Autobosse nicht! - Vor der KMK. Jaja, sie ist wichtig für die Vereinheitlichung des Bildungsstandards in Deutschland - aber muß ein Abiturient WIRKLICH schon selbständig in der Nase popeln können?

Was machen Sie in Ihrer Freizeit?

Sport, ausgehen, lesen, nachdenken, gar nichts, kickern. Tipp-Kick spielen ist als Freizeitbeschäftigung eindeutig unterschätzt.* Und Schreibfehler. *An dieser Stelle stand mal ein Link zu einer Webseite, der auf eine phantastische Homepage verwies (meine), die sich ausschießlich mit Tipp-Kick beschäftigt. Den Link haben sie mir leider rausgenommen. Ich bin mir allerdings wegen des Grundes nicht ganz sicher. Ich schwanke ein wenig zwischen „Sexueller Ausrichtung", „Gewaltverherrlichung " oder „Starke politische/religiöse Tendenz". Das kommt bei Tipp Kick alles in Frage! Am kommerziellen Hintergrund arbeiten wir Tipp Kicker dagegen bisher noch vergeblich. Ich habe es ernsthaft noch nicht ausprobiert, aber ich wette, man kann sich den Link ergoogeln, wenn man Begriffe wie Painbringer, Dr. Evil oder Michael Love eingibt. Nicht, dass es sich lohnen würde. Es geht wirklich nur um Tipp Kick. Immerhin weiß ich jetzt, dass ich etwas sehr Verruchtes habe, weil man mir meine provokanten Inhalte in dieser Form einfach nicht durchgehen lassen kann. Ich habe das immer schon geahnt.

Lesen Sie gerne? Welches sind Ihre Lieblingsbücher

Ja doch. Immer wieder gern (und Narzisst wie ich nun einmal bin) meine eigenen Einträge bei WIKIPEDIA im Bereich Biologie: „Der Hörling bzw. Sprechling ist ein parasitärer Organismus, der zwar genetisch vom Homo Sapiens abzuleiten ist, jedoch auf Grund seiner verkümmerten primären Geschlechtsorgane und dem Fehlen eines Lustzentrums im Stammhirn gänzlich andere Eigenschaften aufweist. Obwohl die Fortpflanzung dieser Spezies noch weitgehend ungeklärt ist, gibt es erste Erkenntnisse, dass aus der Vereinigung von Hörling und Sprechling zwei weitere Abarten hervorgehen, die als Mailing und Chatling bezeichnet werden. In Gestalt und Aussehen bereits soweit degeneriert, dass eine Unterscheidung nur noch auf Grund von „Nicknames" möglich ist, gleichen sich Mailing und Chatling ansonsten in dicklichem Wuchs und stark verminderter Bein Motorik. Ausgleich bietet allein die nun voll in den Kopf integrierte 10/100Mb Ethernet Schnittstelle, die vor allem auf die schnelle Übertragung sog. „innerer Werte" optimiert ist." ansonsten: Hunter S. Thompson, Skin-Two und Comics

Gehen Sie gerne ins Kino? Welche Filme mochten Sie besonders?

Klar gehe ich gern ins Kino, aber eher selten... mein letzter Film war „dreamthedream" im Weser-Ems-Bus in Deutschland, wirklich empfehlenswert!

Was bedeuten Ihnen Ihre Eltern?

seit meine mutter starb, lebe ich mein 2.leben

Was ist Ihnen peinlich?

Wenn ich beim gewaltfreien töpfern agressiv (hoffentlich ist das richtig geschrieben) werde. Oder wenn ich aus der Kneipe komme und die Leute mir auf die Finger treten Das man mit mir keine Pferde stehlen kann, weil ich Angst vor so großen Tieren habe. und genau aus dem Grund bin ich früher auf meinem nachbarn zur arbeit geritten, das zu erzählen ist mir jetzt schon ein bisschen peinlich.

Welche drei Dinge würden Sie mit auf die „einsame Insel" nehmen?

Rückfahrkarte, Nymphomanin und höchstwarscheinlich viel Gepäck von Nymphomanin

Würden Sie sich als tierlieb bezeichnen?

Ja, bin ich absolut - besonders zur Essenszeit!

Wie würden Sie einem Blinden Ihr Äußeres beschreiben?

.-... -.--. .:..:.

31. Kontaktanzeigen aus aller Welt

Mich hat ein Herr aus Sydney/Australien mit seiner Kontaktanzeige mehr als beeindruckt. Deshalb will ich Ihnen diese Anzeige auch nicht vorenthalten.

Holen Sie also das alte Englisch-Lexikon aus dem Regal – wenn nötig –, lehnen Sie sich zurück, stellen Sie Gläser und Teller beiseite … Ich übernehme keine Verantwortung für zerbrochenes Geschirr, Flecken auf dem Teppich sowie Atemnot durch Verschlucken, Lachen oder Sprachlosigkeit!

Und das Wort überlasse ich jetzt Harold:

The Good Ole Days - m4w　　　　　　　　　　　　　　　　　　　　　　　　　　　1

sydney craigslist > personals > casual encounters　　　　　email this posting to a friend

The Good Ole Days - m4w - 67 (Happy Valley NH)

Date: 2010-05-09, 2:08AM EST

[Reply To This Post]

Now let's get a few things straight. A lot of women these days go about talking a lot of nonsense about who fucked who and who did what. Now I don't care for any of that.

When I was a boy growing up we didn't have any of this technology. There weren't any of these new fangled vibrating dildos, or clitoral piercings, extra thin condoms or large size. We didn't have any of that. It was very simple; men fucked women, as many as they could, and they were bloody grateful, and someone always got pregnant at every party.

My father was a great fucker of women. He fucked hundreds of them. And his father too. And his father's father. And his father's father father, and so on all the way back.

We weren't taught to do any of these things kids are doing these days. And women I fuck, they stay fucked. As a matter of fact, I recall a woman I fucked back in '67 who couldn't walk out of the motel because she already was four months pregnant by the time I was done fuckin. They had to send for a wheelbarrow to carry her away.

There was another time when I walked for twenty two days through snow and a hurricane to fuck this lady because there was no one else in Tasmania who had any sperm left. That was in the cum drought, '57 I think it was, Menzies was in power at the time and they were talking about allowing foreign semen to be brought in but he wouldn't have any of it. He was a great bloke to support Aussies fucking Aussies like that.

Well I guess times have changed. It's no use rambling on about how things used to be.

What I'm looking for is a bit of crumpet to remind me of the good ole days. I'm not getting any younger but believe you me I can fuck as good as any of them young 'uns out there.

I'd like a young lady with all her bits still nice n firm. Nothing saggy, if I wanted to fuck something saggy I'd just fuck my wife Doris. And I'd like this young lady to be shaved downstairs, thats what all you young chickies do nowadays isnt it? I'd love to get a bit of shaved snatch.

And any of you oriental shielas are welcome to contact me, I dont mind a bit of that yellow action, why I got me plenty of Vietnamese poontang back on my tour of duty in 1969, I loved how the GIs called it poontang, those Americans were deadset wankers but by God they made me laugh.

Well the nurse says I have to log off this here Craigs List now as my colostomy bag is full. I'd like to log one in off in her!

Now just one more thing. If you'd like to meet up, I might need some help getting out of here. For some reason I can never seem to find the way out but my nephew said if I behave myself I can go out on Sundays, 3rd of every month to get a rub-n-tug at Rosie's. Fancy that young whipper-snapper telling me to behave.

Cheerio now.

Harold S.

* Location: H▮▮▮▮▮▮▮▮▮
* it's NOT ok to contact this poster with services or other commercial interests

Die kleine Übersetzung:

Die guten alten Tage
Lasst mich zunächst mal ein paar Dinge klarstellen. Viele Frauen reden heutzutage einen Haufen Blödsinn darüber, wer mit wem geschlafen oder dies und jenes getan hat. Mir ist das alles völlig egal.
Als ich jung war, hatten wir nicht diese ganze Technik. Da gab es keine vibrierenden Dildos oder Piercings in der Klitoris oder extradünne Kondome oder große. Wir hatten nichts davon.
Es war ganz einfach:
Männer haben Frauen gefickt, und zwar so viele sie konnten, und die waren verdammt dankbar dafür, und eine von denen wurde immer schwanger auf einer Party.
Mein Vater war ein großer Frauenficker. Er hat Hunderte gefickt. Und sein Vater davor auch und dessen Vater auch. Und dessen Vaters Vater auch und so weiter und so weiter.
Uns wurde nicht beigebraucht, was man den Kids heute beibringt. Und Frauen, die ich ficke, die werden ordentlich bedient. Ich kann mich tatsächlich an eine Frau erinnern, die ich 1967 gefickt habe, die nicht mehr aus dem Motel gehen konnte, da sie schon im vierten Monat schwanger war, als ich mit ihr fertig war. Die mussten eine Schubkarre organisieren, um sie wegzuschaffen.
Ein anderes Mal bin ich 22 Tage durch Schnee und Hurrikans gelaufen, nur um eine Frau zu ficken, weil keiner in ganz Tasmanien einen Tropfen Sperma übrig hatte. Das war in der Wichse-Dürre 1957. Ich glaube, Menzies war an der Macht, und zu dieser Zeit wurde überlegt, ob man Ausländern erlauben sollte, Samen zu spenden, aber Menzies wollte das nicht. Er war ein großartiger Kerl, ein Unterstützer des Projekts Aussies ficken Aussies.
Na ja, die Zeiten haben sich wohl geändert. Und es hat keinen Sinn, vergangenen Zeiten nachzutrauern.
Was ich suche, ist eine kleine Schnecke, die mich an die alten Zeiten erinnert. Ich werde zwar nicht jünger, aber ich kann immer noch genauso gut ficken wie diese jungen Typen.

Ich will eine junge Frau, an der noch alles schön und fest ist. Nichts Schlaffes. Wenn ich was Schlaffes will, dann kann ich meine Frau Doris ficken.

Und ich will eine junge Frau, die untenrum rasiert ist, das seid ihr jungen Hühner doch alle heute, stimmt's?

Ich hätte es sehr gerne mit einer rasierten Muschi zu tun.

Und auch orientalische Frauen dürfen sich gerne melden, ich habe kein Problem mit ein wenig gelber Action. Ich hatte schon eine Menge Vietnamesinnen während meines Dienstes 1969. Ich fand das klasse, dass die GIs sie poontang genannt haben, diese verfluchten amerikanischen Wichser, aber sie haben mich damit zum Lachen gebracht.

Nun, meine Krankenschwester sagt, dass ich mich jetzt aus diesem Craigslist-Ding ausloggen muss, weil mein Kolostomiebeutel voll ist. Ich würde so gerne in ihr abspritzen.

Da ist noch eine Sache. Wenn du dich mit mir treffen willst ... Ich werde ein wenig Hilfe brauchen, um hier rauszukommen.

Aus unerfindlichen Gründen finde ich den Weg nach draußen nicht, aber mein Neffe sagt, dass er mir jeden dritten Sonntag im Monat hier raushilft, um mir meinen Handjob bei Rosie's abzuholen, wenn ich mich benehme.

Unglaublich, dass dieser kleine Hosenscheißer mir Benehmen beibringen will.

Tschüss für jetzt
Harold S.

32. Aufgepasst

Gängige Kontaktanzeigen-Formulierungen

Sie sucht Ihn:

anspruchsvoll	=	eine Tiffany-&-Co.-Schlampe
apart	=	hässlich wie die Nacht, aber topmodern
attraktiv	=	durchschnittlich, also mittelgroß, straßenköterblond, üppig
bezaubernd	=	selbstgefällig
direkt	=	benimmt sich wie die Axt im Walde
ehrlich	=	nur zur besten Freundin
erfahren	=	abgewirtschaftet
familienorientiert	=	da tickt die biologische Uhr, Torschlusspanik
faszinierend	=	blasiert und auch noch selbstgefällig
genießerisch	=	bei Tisch hemmungslos, im Bett leider das Gegenteil
gepflegt	=	rasiert sich alle zwei Wochen die Beine
HHH (Herz, Hirn, Humor)	=	dumme, alberne Chihuahua-Besitzerin
humorvoll	=	Kichertante
klug	=	siebengescheite Stubenhockerin
kompliziert	=	hysterisch
kultiviert	=	reiche Witwe mit Kultur-Abo
Lady	=	jenseits der 40
lebhaft	=	oberzickig
liebenswert	=	wenn man naive Girlies in Snoopy-Shirts mag ...
mehrsprachig	=	sieben Dialekte
mollig	=	richtig korpulent
nach großer Enttäuschung	=	verbittert
naturverbunden	=	dick, stinkend und ausgeprägte Körperbehaarung
normal	=	Ökotante
reif	=	in die Jahre gekommen
romantisch	=	die ganze Wohnung ist voller Teddybären
Rubens lässt grüßen	=	so fett, dass man sie auf Google Earth finden könnte
schlank	=	ab Kleidergröße 40
schüchtern	=	prüde Spießerin

sensibel	=	selbstmordgefährdet
sinnlich	=	lüstern, langer Sexentzug
spirituell	=	tanzt um Bäume, führt Tagebuch und schreibt Gedichte, die in lauen Nächten vorgetragen werden
sportlich	=	ist im Fitnessstudio zu Hause
Sternzeichen Angabe/Suche	=	verhütet nach Mondphasen
südländischer Typ	=	schwitzt leicht, ausgeprägte Körperbehaarung
süße Maus	=	Hobbyhure
unkompliziert	=	langweilig, hat keine Freunde oder Hobbys
tierlieb	=	das Vieh schläft in ihrem Bett
tolerant	=	bringt kein Bier ans Sofa
warmherzig	=	dicke, alte Frau, die jeden an ihre wogende Brust drückt
weltoffen	=	isst auch italienische Speisen
zierlich	=	magersüchtig

Er sucht Sie:

Akademiker	=	hat mal eine Fortbildung besucht
alltagstauglich	=	wäre gerne Hausmann bzw. später dann Hausfreund bei anderen
attraktiv	=	durchschnittlich, also mittelgroß, straßenköterblond, beleibt
charmant	=	Phrasendrescher
direkt	=	Hose runter, und los geht's
einfühlsam	=	depressiv
familienorientiert	=	alter Sack, der sich von vorne und hinten bedienen lässt
fröhlich	=	Alkoholiker
gebildet	=	ist des Schreibens und Lesens mächtig
Teddybär	=	richtig fett, extrem dichte Körperbehaarung (vor allem auf dem Rücken)
genussfreudig	=	Fettwanst mit einem winzigen Gewürzgürkchen
gepflegt	=	am Sonntag ist Badetag
gut situiert	=	bekommt Taschengeld von der Ex
Geschäftsmann	=	Boss der Klinkenputzer
gesellig	=	kurz vor der Alkoholvergiftung
groß	=	maximal 175 cm
guter Charakter	=	saß schon hinter schwedischen Gardinen
humorvoll	=	albern

jung gebliebener		
Mittvierziger	=	im vorzeitigen Ruhestand, arbeitsunfähig
Kosmopolit	=	kann die Finger nicht von Stewardessen lassen
kräftig	=	unglaublich fett
kultiviert	=	weiß, wie man mit Gabel und Messer umgeht
männlich	=	mehr Haare auf dem Rücken als auf dem Kopf, starker Körpergeruch
Millionär	=	hat einen Bausparvertrag
normal	=	Hartz-4-Empfänger
phantasievoll	=	Perversling mit einer Vorliebe für Fesselspiele
romantisch	=	Lambruscosäufer
salonfähig	=	besitzt noch seinen Konfirmationsanzug
sensibel	=	Heulsuse
sinnlich	=	wer bei drei nicht auf den Bäumen ist …
sportlich	=	Sofa-Athlet
stattlich	=	fett, jenseits von Gut und Böse
Südländer	=	winzig, glatzköpfig, jähzornig
sympathisch	=	Muttersöhnchen
Tagesfreizeit	=	verheirateter Hausmann
tageslichttauglich	=	schwarzes Loch
tolerant	=	fetter, armer Säufer
vielseitig interessiert	=	ist nicht ausgelastet und sucht die Zweitbeziehung
vorzeigbar	=	einem Blinden vielleicht!
weit gereist	=	siehe Kosmopolit
zärtlich	=	impotent

33. Abk.

4U	=	*for you* – für dich
19 x 5	=	Länge des besten Stücks (hier wird gelogen, dass sich die Balken biegen)
80 B	=	Körbchengröße (nützliche Angabe, bei der Frauen aber wie beim Alter auch in der Regel schummeln)
28/176/65	=	Alter/Größe/Gewicht
AG	=	nicht Aktiengesellschaft, sondern Antwort garantiert
AL	=	alles Liebe
ASAP	=	*as soon as possible* – so bald wie möglich
ATM	=	*at the moment* – jetzt gerade
AV	=	Analverkehr
B	=	*black* – schwarze Hautfarbe
BB	=	*bye, bye* – bis bald
BBB	=	Bauch, Brille, Bart (meist bei Frauen unter unerwünscht)
BBS	=	*be back soon* – bin bald zurück
BI	=	bisexuell – mag beides
BBW	=	*big breasted women* = Rubensdamen
BF	=	beste Freunde
BMB	=	bitte mit Bild
BTW	=	*by the way* – übrigens
BWP	=	Brustwarzenpiercing
CU	=	*see you* – bis bald
DAU	=	dümmster anzunehmender User
DND	=	*do not disturb* – nicht stören
DEV	=	devot
DOM	=	dominant
F	=	*female* – Frau
FE	=	Fußerotik
FI	=	finanzielle Interessen
FS	=	Führerschein
G	=	grins
GB	=	*gangbang* – Gruppensex
GF	=	*girlfriend* – Freundin
GL	=	*good luck* – viel Glück
GV	=	Geschlechtsverkehr

GS	=	Gruppensex
HAND	=	*have a nice day* – schönen Tag noch
HDGDL	=	hab dich ganz doll lieb
HDL	=	hab dich lieb
KF	=	Konfektionsgröße
KFI	=	keine finanziellen Interessen (will für Sex nichts zahlen)
KV	=	Kaviar (Kot)
LG	=	liebe Grüße
LMAO	=	*laughing my ass off* – lache mir den Arsch ab
LOL	=	*laughing out loud* – laut herauslachen
M	=	Mann/männlich/*male*
MASO	=	masochistisch
MMW	=	Dreier mit zwei Männern und einer Frau
MWW	=	Dreier mit einem Mann und zwei Frauen
NEZ	=	nur ernsthafte Zuschriften
NR	=	Nichtraucher und/oder neureich
NT	=	Nichttrinker (Ein T für Trinker haben wir noch nicht entdecken können)
OFI	=	ohne finanzielle Interessen (will für Sex nichts zahlen)
ONS	=	One-Night-Stand
OV	=	Oralverkehr
PT	=	Partnertausch
SSBBW	=	*super-size big beautiful woman* – richtig fette Frau, die sich für schön hält
Switch	=	Switcher: dominant und devot in einer Person, mal so, mal so ...
T6/Tel6	=	Telefonsex
TS	=	transsexuell
TG	=	Taschengeld
TGT	=	Treffen gegen Taschengeld
TV	=	Transvestit
VERW.	=	verwitwet (verwahrlost, verwaist)
WTF	=	*what the fuck* – verdammt/Was zum Teufel
WTH	=	*what the hell* oder *what the heck* – zur Hölle noch mal/ Was zum Teufel
WW	=	Witwe, manchmal aber auch Weight Watchers (oder beides)